有故事的

汉字

壹

汉字大不同

臧冬冬 著

人民邮电出版社

北京

图书在版编目（CIP）数据

汉字大不同：有故事的汉字：壹/贰/叁 / 臧冬冬著. -- 北京：人民邮电出版社，2020.7（2020.8重印）
ISBN 978-7-115-54055-3

Ⅰ. ①汉… Ⅱ. ①臧… Ⅲ. ①汉字—儿童读物 Ⅳ. ①H12-49

中国版本图书馆CIP数据核字(2020)第083534号

内 容 提 要

汉字，是孩子探知世界的钥匙。《汉字大不同：有故事的汉字》精选了210个与日常生活息息相关的汉字，帮助孩子在快乐阅读中认字、识字，将汉字写正确、写美观，启发学习母语及传统文化的兴趣。本套书在编排上别出心裁：每个汉字讲解都包含书写笔画、书写口诀、字理文化、汉字演变图示、趣味知识拓展，同时配有精美的古风卡通插图，让孩子的汉字学习更系统、更全面、更有趣；为了帮助孩子真正掌握写字要领，每个汉字旁都配有视频二维码，可以随扫随听，大大提高学习效率。

◆ 著　　　　臧冬冬
　　责任编辑　朱伊哲
　　责任印制　周昇亮

◆ 人民邮电出版社出版发行　北京市丰台区成寿寺路 11 号
　　邮编　100164　电子邮件　315@ptpress.com.cn
　　网址　https://www.ptpress.com.cn
　　临西县阅读时光印刷有限公司印刷

◆ 开本：700×1000　1/16
　　印张：27.75　　　　　　　　　　2020 年 7 月第 1 版
　　字数：214 千字　　　　　　　　2020 年 8 月河北第 2 次印刷

定价：120.00 元（全 3 册）

读者服务热线：(010)81055296　印装质量热线：(010)81055316
反盗版热线：(010)81055315
广告经营许可证：京东市监广登字 20170147 号

【目录】

植物相关篇

植物相关篇

hé

禾

一 二 千 禾 禾

书写口诀

平撇短小　撇捺舒展

《秒懂汉字》

　　"禾"字本意指谷子，也指没成熟的庄稼、禾苗。甲骨文的禾（）和金文的禾（）都像结了穗的谷物，有根，有秆，有叶，还有垂下来的穗子。"禾"字常用来做偏旁，由"禾"组成的字通常都跟粮食作物有关，譬如"种"的本义就是把种子或幼苗的根埋到土里，让它发芽生长。

《演变过程》

甲骨文　　　金文　　　小篆　　　隶书　　　楷书

《知识扩展》

《悯农》

[唐]李绅

锄禾日当午，汗滴禾下土。

谁知盘中餐，粒粒皆辛苦。

　　《悯农》写出了烈日当空之下，农民们在田间辛苦耕作的场景。很多人都认为能写出这首诗的人一定是十分体恤老百姓、珍惜劳动成果的。其实不然，李绅做官之后，逐渐变得铺张浪费。诗人刘禹锡曾去李绅家吃饭，看到餐桌上美酒、美食无数，他感到十分惊奇。可宴会的主人李绅每天都能享受这样的生活，已经习以为常了。

dōng

东

一 ナ 左 东 东

书写口诀

首横勿长　两点平衡

《秒懂汉字》

　　太阳升起的地方就是东方。古人把"木"（朩）和"日"（日）合在一起，表示从树木的中央能看到太阳慢慢升起来了，这个方向就是东方，所以"东"的本义是东方。还有人说，甲骨文的"东"（朿）像个大口袋装满了东西，两端被扎起来，所以"东"又指口袋里装的物品，就是"东西"的意思。

《演变过程》

甲骨文　　金文　　小篆　　隶书　　楷书　　简化字

《知识扩展》

为什么是买"东西"而不是买"南北"？

有一种说法是，"买东西"的说法来自唐朝的集市政策。唐代的长安（今陕西西安）十分繁华，是国际顶级大城市，这里穿梭着来自世界各地的商人。

在当时，政府对民间商业行为有着严格的限制，规定商品买卖只能在东市和西市进行。东市主要是国内市场，价格相对亲民，深受长安百姓的欢迎；西市则是国际市场，贩卖进口的奇珍异宝。由于人们经常在东西两市采买物品，时间一长，逐渐习惯了东西市的概念，于是就把买物品说成是"买东西"。

书写口诀

首横短　字形扁

《秒懂汉字》

　　太阳落下去的地方是西方。"西"的甲骨文（囪）和金文（囪）像一个鸟巢，表示太阳下山，鸟儿要回巢休息。"西"的本义是鸟儿栖息，现在指太阳落山的方向——西。也有人认为金文的"西"（囪）像一个装满物品的布袋子，用绳子打结封口了，跟"东"凑一块就是表示物品的"东西"。

甲骨文　　金文　　小篆　　隶书　　楷书

《知识扩展》

"拆穿西洋镜"

西洋镜是旧时从欧美传入的一种游戏器具，在中国的叫法不尽相同：比如：上海人把它叫作"西洋镜"，而北京人则把它叫作"拉洋片"。

它看上去是一个大箱子，箱子上有一些小孔，透过小孔可以看到里面放大的画面，内容一般是国内外的风土人情、奇珍异兽等，只需要花一点小钱，就能看上一场简易的"电影"。

西洋镜乍一看十分神秘，但打开之后就会发现，里面不过是几张画片。画面能够放大的原因，也只是利用了光学原理而已，一点儿也不稀奇，所以人们便把揭穿骗局叫作"拆穿西洋镜"。

首横短　撇捺长

树根是树木之本。"本"字的金文（ ）像一棵树，下方的三个圆圈表示树木的根部。后来表示根部的三个圆圈逐渐演化成一条线。"本"的本义就是指树的根部，后来引申为基础、根本，还可以用作量词。

金文　　　　小篆　　　　隶书　　　　楷书

【知识扩展】

本末倒置：百姓才是国之根本

"本末倒置"形容把重要的和次要的东西弄颠倒了，比喻不知道事情的轻重缓急。

战国时，齐王派使者带着其亲笔信访问赵国，使臣到达后，把信交给赵威王。没想到赵威王没有拆开信，而是亲切地问：齐国今年的收成可好？老百姓过得可好？齐王身体可好？使臣听了很不开心，生气地说："大王派我来此访问，可您连信都不看，只关心粮食收成和百姓，最后才问国君，这岂不是本末倒置吗？"赵威王笑着说："没有粮食怎么养活老百姓？而没有百姓，当国君又有什么意义呢？所以我这样问，并没有本末倒置。"

mù

一 十 才 木

书写口诀

中竖挺直　撇捺舒展

《秒懂汉字》

　　木的甲骨文（米）和金文（米）就像一棵树的样子，上部是茂盛的枝叶，中间是树干，下部是树的根，完全是一棵树的简笔画，所以"木"的本义是"树"。"木"是一个部首字，经常位于形声字的左边或下边，由"木"组成的字大部分与树、木头或者木头做的东西有关。

《演变过程》

| 甲骨文 | 金文 | 小篆 | 隶书 | 楷书 |

《知识扩展》

木星是木头做的吗?

木星并不是木头做的,它是一个气态巨行星,成分主要是氢气。太阳系共有八大行星,其中有五颗用肉眼就能看到,中国人用"五行"的方法为它们命名。所谓"五行"就是古人划分的五种事物的性质,这五颗行星就被命名为金星、木星、水星、火星、土星。

西方人则用罗马神话中众神的名字为行星命名。由于木星是太阳系中体积最大、自转最快的行星,因此他们把"木星"称作"朱庇特"(Jupiter),其相当于希腊神话中的宙斯,是众神之王,拥有至高无上的权力。

左小右大　　左低右高

《秒懂汉字》

　　"双木为林"说的就是"林"的造字方法。"林"字就是把两个"木"（木）左右并排放在一起，表示有许多的树木。树木多了就组成了树林，所以"林"的本义是成片的树木，即"树林"。引申出来的意思是聚集在一起的人或物，有众多的意思，如"枪林弹雨"。

《演变过程》

甲骨文　　金文　　小篆　　隶书　　楷书

《知识扩展》

"杏林"是什么意思？

"杏林"是医界的别称。三国时期，吴国有位名医叫董奉，他医术高明，妙手回春，和当时的张仲景、华佗一起并称"建安三神医"。

说来也奇怪，董奉有个习惯：他诊治病人不要银两，只要在他家周围种几棵杏树就算结清了医药费。几十年过去了，经他诊治的病人多得数不清，杏树也长成了一片杏林。等到杏子成熟时，董奉把杏子卖给别人，同样是不要银两，只要拿粮食来换。他靠卖杏子换了许多粮食，全部拿来施舍给吃不起饭的穷人。从此，董奉的美名传扬开来，人们也就以"杏林圣手"来称赞良医。

zài

在

一 ナ 大 右 右 在

书写口诀

字形呈三角　撇画要舒展

《秒懂汉字》

　　草木发芽，刚长出地面为"在"。"在"的甲骨文（Ψ）中的一横（一）表示地面，其他部分（Ψ）表示刚发芽的草木，合起来就是草木的嫩芽刚刚钻出地面。金文（坐）在右边加了一个"土"，表示草木从地里长出来。"在"的本义是存在，也指生存。

《演变过程》

甲骨文　　金文　　小篆　　隶书　　楷书

《知识扩展》

"我思故我在"

　　法国有位学者名叫笛卡尔（René Descartes），他对数学的发展做出了重要贡献，后世称他为"解析几何之父"。据说，笛卡尔受蜘蛛织网的启发创立了平面直角坐标系，坐标系是现代数学的基础工具，是目前我国初中数学的必修内容。

　　笛卡尔同时也是个大哲学家，他创立了一套完整的哲学体系，影响了几代欧洲人。他的哲学理论中最著名的就是"我思故我在"。笛卡尔认为：只有运用理性来思考问题，我们才真正获得了存在的意义。因此，我们要善于使用大脑思考，敢于怀疑习以为常的事物。

己

一 コ 己

头小尾巴长

《秒懂汉字》

　　"己"的甲骨文（己）像一条捆绑东西的弯曲绳子。从金文、小篆到隶书，虽然其字形稍有变化，但基本上都像一条弯曲的绳子。"己"的本义是绑在箭上或绑在猎鹰腿上的绳子，后来它的本义基本消失，现在通常用作"自己"的"己"。

【演变过程】

甲骨文　　　金文　　　小篆　　　隶书　　　楷书

【知识扩展】

己所不欲，勿施于人

《论语》是儒家学派的重要著作，记录了孔子和其弟子们的言行与思想。《论语》里的句子像格言一样简单，道理却很深，几乎是古人读书做学问的必修课程。儒家思想也影响了中国几千年。

《论语》里有一句名言"己所不欲，勿施于人"，意思是自己接受不了的事情，也不要强迫别人接受。孔子认为，为人处世要学会将心比心、换位思考；当你将善良、理解、宽容播种在他人心灵的土壤上时，自然也能赢得别人的尊重。

zhú

竹

书写口诀

左低右高　末笔竖钩

《秒懂汉字》

　　"竹"字的甲骨文（𤽄）像不像小鸭子在雪地上留下的脚印？古人就是根据两片竹叶相连的样子创造了"竹"的甲骨文。金文的"竹"（𣎳）是两棵并排的叶子向下垂的竹子形象。到楷书的时候，虽然竹叶笔画化了，但仍然像两棵并排的竹子。"竹"的本义就是竹子。

甲骨文　　　金文　　　小篆　　　隶书　　　楷书

【知识扩展】

"竹报平安"的由来

唐朝时，晋阳（今山西太原）城里只有童子寺中有一株小竹子，刚刚长到数尺高。寺院的住持是纲维法师，他每日除了诵经礼佛，就是关心竹苗的长势。他派寺院里的小和尚每天记录竹子的情况，小和尚日日小心翼翼地照顾竹子，然后告诉法师："竹子没有枯萎，很平安。"

时间一天一天地过去，竹苗也越长越旺，形成了茂密的竹林，成为寺院一景，引得无数人争相观看。后来，竹子也成了吉祥、平安的象征，"竹报平安"一词便由此而来。现在指报平安的家信，或是收到亲人的佳音。

书写口诀

竖撇稍弯　弯钩内收

《秒懂汉字》

　　有四条腿的小桌子就是"几"。"几"的金文（冖）和小篆体（冂）都是低矮的小桌子的侧面形象，是古代人坐的时候可以倚靠、放东西的木制家具。其本义就是古代放在座前的低矮的小桌子，例如"茶几"中的"几"就是这个意思。

《演变过程》

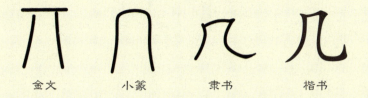

金文　　　　小篆　　　　隶书　　　　楷书

《知识扩展》

猜谜语

①失去凡心（打一汉字）

②凤又出走（打一汉字）

③饥不择食（打一汉字）

④凤头虎尾（打一汉字）

　　上面的这些谜语你都猜对了吗？其实它们的答案都是同一个汉字——几。"凡"去掉中心的一点，就变成"几"；"凤"去掉"又"，也是"几"；"饥"的偏旁"饣"是"食"的意思，去掉之后就变成了"几"；"凤"的上半部分以及"虎"的下半部分都是"几"。

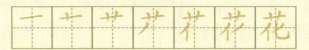

书写口诀

草头小　尾巴长

《秒懂汉字》

　　"花"是上形下声的形声字，上部是"艹"，表示这个字与植物器官有关，下部的"化"（huà）表示读音。"花"本义是花朵，引申指像花朵的东西，又指花纹、图案，还有"花费"之意。

華　花　花

小篆　　　　隶书　　　　楷书

"花中四君子"

明朝时，徽州有一个叫黄凤池的人，他编了一本《梅竹兰菊四谱》，称梅、兰、竹、菊为"四君"。这本书非常畅销，在文人中很有影响。此后这四种植物便被称为"四君子"。

梅花是中国十大名花之首，它迎寒而开，美丽脱俗，象征着坚韧不拔的品格；兰花生于幽谷之中，姿态优美，香味淡雅，孔子曾把它比作天下的贤士；竹子挺直、谦虚，不卑不亢，象征着谦谦君子；而菊花一般开在百花凋落之后的九月，不与百花争艳，品行高洁，被认为是花中的"隐士"。

hóng

红

乚 纟 纟 纟 红 红

书写口诀

左高右低工字扁

【秒懂汉字】

　　小篆的"红"字（紅），左边是"糸"，"糸"的小篆字体是"𢆶"，本义是一根由两股线交缠在一起的丝，表示该字与丝织品有关；右边是"工"，表示读音，构成左形右声的形声字。"红"字的本义是丝织品粉红的颜色，读"hóng"。读"gōng"时指妇女做的纺织、刺绣一类的活儿。

《演变过程》

红　红　红　红

小篆　　　隶书　　　楷书　　　简化字

《知识扩展》

苏东坡与红烧肉

北宋时，几个朝廷大臣以苏东坡的诗句做罪证，污蔑他反对朝廷新法，于是苏东坡被贬到了黄州（今湖北黄冈）。虽然黄州地处偏僻，苏东坡的俸禄也大不如前，但是乐观的苏东坡很快就找到了生活的乐趣。他发现这里的五花肉价格实惠，而且当地老百姓不懂烹饪方法。苏东坡如获至宝，他开心地买了好多猪肉，用文火慢炖，然后加入七八种调料，做出香喷喷的红烧肉，口感肥而不腻，酥而不烂，尝过的百姓都赞不绝口。因为这种红烧肉的做法是苏东坡发明的，所以人们也称其为"东坡肉"。

qiū

秋

书写口诀

左窄右宽　撇捺舒展

《秒懂汉字》

　　秋字很有意思。甲骨文的"秋"写作""，上部（）像蟋蟀一样，下部（）像一团火。古代有用火烧田、烧秋虫的习惯，所以就用火烧秋虫来表示秋天。到了金文时，字就完全变了，左边是禾（），右边是火（），表示秋天到了，谷物成熟了，像火的颜色一样，所以就用谷物收获的季节表示秋天。

萬　秋　㮃　秋　秋

甲骨文　　金文　　小篆　　隶书　　楷书

【知识扩展】

"秋千"站着荡?

相传，秋千由北方少数民族所创，最初的样子仅仅是一根用兽皮做的绳子，由人双手抓着绳子荡起来，人们把这种东西叫作"千秋"。

后来，"千秋"传入中原地区。人们十分喜欢这种既有趣又简单的游戏，于是它在各地很快流行起来。到了汉朝，宫里在祝寿时需要说"千秋"二字，代表着"千秋万寿"。人们为了避皇家的讳，就将"千秋"改为"秋千"。

现代人荡秋千是坐着的，古人可不同。清朝的《月曼清游图》记录了后宫嫔妃的休闲娱乐活动，从图里可以看到，后宫的嫔妃是站在秋千上荡起来的！是不是很稀奇呢？为了安全起见，请不要模仿哦！

lè

乐

一 丘 牙 牙 乐

平撇小　竖钩直

《秒懂汉字》

　　"乐"是"樂"的简化字。"乐"的甲骨文（）上部是两束细丝线，下部是木头，把细丝线绑在木头上，就成了乐器。从金文开始，字中增加了一个"白"（ θ ）字，有人说是拨弦的白玉，也有说加了一面鼓，但都没有偏离乐器的意思。"乐"的本义为乐器，引申为音乐、奏乐等。

《演变过程》

甲骨文　　金文　　小篆　　隶书　　楷书　　简化字

《知识扩展》

白居易也是"乐天派"

生活中总有一些乐天派，他们遇到什么事情都不会发愁，总是乐观、积极地面对生活。"乐天"这个词出自《易经》："乐天知命，故不忧。"

唐朝大诗人白居易也给自己取字为"乐天"。古人的名和字一般都有一定的关联，"居易"和"乐天"都有君子安于现在的处境以顺从天命的意思。从名字上来看，白居易似乎是唐代版"随性青年"，不过如果你就此以为他游手好闲，那就大错特错了。资料显示，白居易是唐朝作品最多的诗人，被誉为"诗王"和"诗魔"！看吧，乐天派也很能干。

chuáng

床

丶　亠　广　庁　庀　床　床

书写口诀

两横均短　两撇不一

《秒懂汉字》

　　甲骨文的"床"（凵）就像一张立起来的床，小篆（牀）在甲骨文的基础上加了一个木字（木），表示床是用木头制作的。"床"的本义是木头制作的供人睡觉休息的家具。现在的床字由"广"和"木"组成，表示房屋里木制的、用于睡觉休息的家具，也没有偏离原来的意思。

甲骨文　　　　小篆　　　　隶书　　　　楷书

【知识扩展】

东床快婿——王羲之

东晋大将军郗鉴想给女儿找个如意郎君，当时最显赫的家族是王导家，郗鉴就派管家到他们家挑女婿，王导大方地说：“青年才俊都在东厢房里，你随便挑。”

管家看来看去，个个都出类拔萃，他拿不定主意，只好回去禀报：“王家的青年人听说郗府觅婿，都精心打扮一番，坐得端端正正。只有东床上有位公子，露出肚皮，一副无所谓的样子。”郗鉴说：“哈哈，我要选的就是他了。”

这个特别的公子就是王羲之，后来他娶了郗鉴的女儿，两人儿孙满堂、恩爱一生。此后，人们就将好女婿称为“东床快婿”。

xiào

笑

书写口诀 "头"小"腿"长

【秒懂汉字】

　　小篆体的"笑"（𥬇），上部是竹（⺮），下部是天（夭），意思是被风吹弯曲的竹子，像人笑得前仰后合的样子。这个说的是形态像，也有说风吹竹子发出的声音像笑声。"笑"的本义是露出喜悦的表情，发出愉快的声音，譬如"大声笑""微笑"等。

《演变过程》

小篆　　　　隶书　　　　楷书

《知识扩展》

周幽王千金买笑

周幽王有个叫褒姒的宠妃，她是个冰山美人，从来不笑。为了讨褒姒的欢心，周幽王遍求良策：谁能令美人一笑，赏赐黄金千两。

有人建议：要不点燃骊山的烽火试一试？点燃烽火，四方诸侯会以为外敌来犯，就会拼死赶来相救。

周幽王觉得这是个好主意，但试无妨。被蒙在鼓里的诸侯看到烽火台上狼烟四起，连忙带着军队赶到城下。褒姒看到诸侯上当的样子，忍不住笑了，周幽王很高兴。此后，周幽王又多次点火，屡试不爽。后来敌人真的大军压境，但已经没有人再相信他了。最后，幽王死在骊山之下，西周宣告灭亡。

一 十 才 木 本 李 李

书写口诀

上下均扁　下横最长

《秒懂汉字》

　　我们平常吃的水果李子，就是这个"李"。金文的"李"上部是"木"（），表示该字跟树有关系，下部是"子"（ ），表示果实。"李"的本义是树名，即李子树，也表示该树的果实——李子。我们常说的"赵钱孙李"中的"李"，也是这个李，是一个姓。

《演变过程》

金文　　　　小篆　　　　隶书　　　　楷书

《知识扩展》

王戎识李

王戎是魏晋时期的名士，他天资聪颖，是历史上有名的"奇童"。

有一次，王戎和小伙伴们一起玩，刚好看见路边有一棵李子树，树上挂着好多饱满的李子，十分诱人。其他小伙伴都急着去摘，王戎却十分淡定，动也不动。有人不解地问："你怎么不去摘李子？"王戎回答："这棵李子树就长在路边，又结了那么多李子，按说早就应该被摘光了，但现在却还有那么多果子挂在树上，说明这棵树结的一定是苦果子。"一开始大家不相信，就过去摘了一个，一尝，果真是又苦又涩，难以下咽。就这样，王戎聪明伶俐的名声一下子就传开了。

duǒ

朵

丿	几	几	朵	朵	朵

书写口诀

上小下大　撇捺舒展

《秒懂汉字》

　　树木上开了小花就是朵。小篆的"朵"（ ），下部是"木"（ ），表示一棵树，上部是" "，表示花朵下垂的样子。隶书、楷书的构字方式没有变化。"朵"字本义就是树木上开的花朵，也可用作计算花朵的量词，譬如"一朵花"。

《演变过程》

小篆　　　　隶书　　　　楷书

《知识扩展》

江畔独步寻花

[唐]杜甫

黄四娘家花满蹊，千朵万朵压枝低。

留连戏蝶时时舞，自在娇莺恰恰啼。

公元761年，穷困潦倒的杜甫在好朋友的帮助下，暂时居住在成都草堂。时值初春，万物生机勃勃。他独自一人来到江边散步，不知不觉来到了黄四娘家门口。一瞬间，万紫千红映入了杜甫的眼帘：高的是海棠，低的是迎春，朵朵盛开的繁花把枝条都压弯了。仔细一瞧，花朵上还有彩蝶翩然起舞，这时耳畔传来三两黄莺鸟的鸣叫声。杜甫沉醉在春色之中，落笔写下这首《江畔独步寻花》。

guā

瓜

一 厂 瓜 瓜 瓜

字形瘦长　捺画略翘

《秒懂汉字》

　　藤下面一个椭圆形的果实就是瓜。金文的"瓜"（𤓰）像瓜藤爬上了支架，瓜藤下面挂了一个瓜。到小篆体后，字体没有太大的变化，里面（𠫓）是椭圆形的瓜的样子。隶书、楷书虽然笔画化了，但瓜的形体基本上没有大的变化。"瓜"的本义就是各种瓜的总称，譬如西瓜、黄瓜等。

《演变过程》

《演变过程》

金文　　　　小篆　　　　隶书　　　　楷书

《知识扩展》

中国第一个吃西瓜的人是谁?

炎炎夏日，咬上一口甜美多汁的西瓜，简直是一件无比幸福的事情。不过你知道中国历史上第一个吃西瓜的人是谁吗?

据《新五代史》记载：五代时期有个叫胡峤的人，他在军中做掌书记，因为兵败被契丹人掳走。那时候契丹人的都城在今天的内蒙古一带，胡峤在那里一住就是七年，他也因祸得福吃上了人生中第一口瓜。他是这么描述西瓜的口感的：和中国的冬瓜差不多大，但是真甜！

后来，胡峤历经艰难险阻终于回到了故乡，于是他这段神奇的经历也被记录了下来。

tiáo

条

书写口诀

两撇有长短　上宽下面窄

【秒懂汉字】

　　小篆体的"条"（）像一个人用手抓着树木末端的部分。树的末端就是枝条，所以"条"的本义就是枝条，即植物细长的枝。后来泛指细长的东西，譬如"面条""纸条儿"等；还可以作量词，譬如"一条大河"。

偹　潃　條　条

小篆　　　隶书　　　楷书　　　简化字

《知识扩展》

条形码的发明

条形码是由黑条和白条排成的平行线图案，在生活中随处可见。你知道它的发明者是谁吗？

20世纪20年代，发明家约翰·科芒德希望邮政单据能够实现自动分拣。他思前想后，决定在信封上做条码标记，一个"条"表示数字"1"，两个"条"表示数字"2"，以此类推。通过组合，收信人的地址可以被记录在条码中，就像邮政编码一样。之后，他又发明了与之相配的译码器。

后来，许多科学家在这个发明的基础上进行了改良，新的条形码不仅可以标出商品的名称，还可以标出产地、生产日期等多种信息，在很多领域都投入运用。

zhuàng

壮

丶 丬 扩 壯 壮

书写口诀

左长右短竖挺直

《秒懂汉字》

　　金文和小篆的"壮"，左边是"丬"，表示半片木头，右边是"士"（士），表示强健有力的人，合在一起就是强健有力的人坐在板凳上；还有一种说法是人像木头一样硬朗结实，都是形容人强壮有力的。

《演变过程》

壮　壯　壯　壯　壯

金文　　小篆　　隶书　　楷书　　简化字

《知识扩展》

长歌行

百川东到海，何日复西归？

少壮不努力，老大徒伤悲。

太阳从东边升起，在西边落下，日复一日，年复一年，时间就在我们的指缝间悄悄溜走。古时候医疗水平不发达，人们的平均寿命比较短，他们对于时间的流逝更加敏感。为此，古人写下了许多珍惜时间的诗篇，《长歌行》就是其中一首。古人告诉我们，小的时候不懂得努力，虚度了时光，到了老了再后悔也来不及了。青春有止境，而学问无止境，我们应当珍惜时间，努力学习。

cóng

丛

丿 人 从 从 丛

一根扁担挑两人

《秒懂汉字》

　　草木很多，生长在一起就是"丛"。"丛"是"叢"的简化字，小篆的"丛"（叢），上部是"丵"，读zhuó，对应"丵"，表示密集生长的草；简化字变成"从"字加一横，表示有很多人聚集在一起的意思。"丛"的本义是聚集，引申为聚集在一起的人或物。

叢　叢　叢　丛

小篆　　　隶书　　　楷书　　　简化字

《知识扩展》

残酷的"丛林法则"

池塘里，大鱼能够吞食小鱼，小鱼没有能力与大鱼搏斗，只能以弱小的虾米为食，而虾米只能靠比它更弱小的东西——淤泥中的微生物为生。森林里，百兽之王老虎可以凭借优秀的捕猎能力捕食野猪，野猪在老虎面前毫无招架之力，但它却能令野兔、野鸡等小动物闻风丧胆。

弱者在强者面前低头，这就是自然界的"丛林法则"。为了能够生存下来，每一种动物都必须铆足了劲儿变得更强大，这样才能在残酷的自然界中一代一代繁衍下来。

nián

年

丿 𠂉 𠂉 牛 𠂉 年

横画均匀　竖如悬针

《秒懂汉字》

　　在古代，我国中原地区庄稼是一年一熟的，因此人们就用庄稼的一个生长周期代表一年。甲骨文的"年"（𠂤）就是一个人（𠂉）背着一捆禾（禾），表示庄稼成熟了，收割好了背回家，代表丰收了。"年"的本义是收成、年景，引申为时间单位，表示地球绕太阳转一圈的时间。

《演变过程》

甲骨文　　金文　　小篆　　隶书　　楷书

《知识扩展》

大树的秘密——年轮

树木是人类的好朋友，可以活很多年。许多树木的年龄都在百年以上，你知道怎么判断大树的年龄吗？

有一种方法是看大树的年轮。树木的横切面上长着一圈一圈的同心圆，因为这种同心圆通常每年形成一轮，所以叫作"年轮"。一般来说，树木朝南的一半年轮比较稀疏，而朝北的则比较密。

不必担心看年轮会伤害大树，现在有一种方法可以从树皮钻入树心，从中取出一个薄片来，上面有树木全部的年轮，这样就不用砍掉树木也能知道树木的年龄啦。

chēng

称

丿 二 千 禾 禾 禾 秒 称 称 称 称

书写口诀

左右等高　左窄右宽

《秒懂汉字》

　　小朋友爱听的"曹冲称象"的故事里就有这个"称"字。"称"的甲骨文（鬼）和金文（鬼），上部是"爪"，下部是"鱼"，形体像一只手提着一条鱼。到了小篆体，在左侧加了"禾"字，表示用禾茎搓成绳子来提物。总之其本义是提，引申为称重量。

甲骨文　　金文　　小篆　　隶书　　楷书　　简化字

《知识扩展》

立夏"称人"

立夏是二十四节气之一，预示着夏天的到来。立夏的习俗有很多，其中一个就是"称人"，也就是测量人的体重。

一到夏天，蚊虫鼠蚁就多了起来。据说在古时，立夏这一天称了体重，就不容易染上疾病。古时候没有电子秤，称人时，人们会找一杆特殊的大木秤，称钩上钩着一个大筐或是四腿朝天的凳子，大家就坐在里面称体重。负责称人的人还要同时讲些吉利话。比如，称老人时说："秤花八十七，活到九十一"；称女孩时说："一百零五斤，员外人家找上门。"在医学不发达的年代，"称人"寓意着人们对健康的期许。

chèng

秤

丿 二 千 禾 禾 禾 禾 秆 秤 秤

书写口诀

左窄右宽　末竖最长

【秒懂汉字】

　　在古代，我们聪明的祖先就学会了用绳子量长度，用权衡称重量。所谓权衡，就是通过平衡的方法称东西重量的工具，也就是现在的天平。所以，"秤"的本义是称物体重量的工具。为什么"秤"的左边是"禾"呢？有个说法是，秤原来主要是称谷物的，所以用"禾"作偏旁。

秤 秤

隶书　　　楷书

《知识扩展》

秤是谁发明的？

　　范蠡（lǐ）是春秋时期的大臣，后来他弃官经商，赚了很多钱，民间称他为"财神"，也称"商圣"。相传秤就是由他发明的。

　　做生意的时候，有一件事一直困扰着范蠡。人们买卖东西全凭肉眼估量，买卖很难公平。他想设计出一种测定货物重量的工具。他先制定出了秤的基本形状——即一根长长的木杆，然后又根据天上的十三颗星星外加"福禄寿"三星，在秤杆上共刻了十六颗星花，规定一斤为十六两。秤被发明之后，人们终于有了可以称量商品的工具，在市场上做生意也便利了许多。

yě

野

丨 冂 冂 日 甲 甲 里 野 野 野 野

书写口诀

里字左上　竖钩稍长

《秒懂汉字》

　　在古代，"邑"是城市，是中心；"郊"在"邑"外，"野"在"郊"外。"郊"是郊区，"野"就是野外，野外无人居住，土地上就有很多树木，所以甲骨文和金文的"野"两边是木，中间是土。后来经过开发，树木生长的地方变成良田，野外给予了我们田地，于是小篆体的"野"就像现代字了。

| 甲骨文 | 金文 | 小篆 | 隶书 | 楷书 |

《知识扩展》

狼子野心

清朝纪晓岚的《阅微草堂笔记》里讲述了一个和狼有关的故事。

有个人偶然间得到两只小狼，就将它们与自家的狗混养在一起，狼和狗相安无事。狼稍稍长大些之后，依然比较温顺，这个人一时忘了狼本是很凶猛的动物。

有一天，这个人正在睡梦中，忽然听到许多狗在疯狂地咆哮。他睁开眼睛环视四周，奇怪的是一个人都没有。正打算回去睡觉时，狗又发出了叫声，他便假装睡着，想看看到底是怎么回事。原来，那两只狼想等他睡着没有防备的时候，去撕咬他的喉咙；狗发现之后，立刻警觉起来保护主人。最后，这个人毫不犹豫地杀了那两只狼。

第
dì

丿　㇒　ㄣ　竹　竹　竹　竿　竿　第　第　第

头小身胖　横长竖短

《秒懂汉字》

　　"第"字到汉代才出现，此前一直用"弟"替代。"第"是形声字，上部的"竹"表意，本义跟竹子有关系。古代的竹简写好后，就要按照一定的次序穿起来成册，所以"第"的本义就是次序、等级；即使后来引申出住宅的意思，其本身也有"等级"的含义，古代官员的宅子才能叫"府第"。

《演变过程》

小篆　　　隶书　　　楷书

《知识扩展》

登第

[唐]孟郊

昔日龌龊不足夸，今朝放荡思无涯。

春风得意马蹄疾，一日看尽长安花。

唐朝诗人孟郊曾两次参加科考，结果都不幸落第。第三次考试时，孟郊已是46岁，这一次他终于考上了，他开心得不得了，写了一首《登第》。

当时，金榜题名的文人才子为了庆祝，都会相约去长安城内的杏园摆宴，由两名俊美的少年率先遍访杏园，摘下最美的花供大家欣赏；孟郊和其他一些新科进士紧随他们之后，看完花后还要饮美酒、品佳肴。当天，城里的老百姓甚至一些皇亲国戚都会出来围观，热闹非凡。

zhǐ

纸

乚　纟　纟　纟　纸　纸　纸

书写口诀

左窄右宽　斜钩要长

《秒懂汉字》

　　中国古代就有用丝织品写字的习惯。到了汉代，聪明的祖先学会了造纸，这些纸就是用与丝相关的原材料造的。所以，"纸"用了"糸"（也就是现在的"纟"）做偏旁，表示跟丝有关系，其本义是用来写字、画画、印刷等用的薄片状的东西。

《演变过程》

紸 紙 紙 纸

小篆　　　隶书　　　楷书　　　简化字

《知识扩展》

蔡伦造纸

造纸术是中国的四大发明之一，纸对世界文明的传承和发展至关重要。在纸被发明之前，人们用来书写的材料只有两种：竹简和帛。可是竹简太沉，不易携带；帛又太贵，普通人负担不起。

东汉有个宦官名叫蔡伦，他总结了以往的造纸经验，改进了造纸术。他挑选出树皮、麻布、渔网等原料，命令工匠把它们捣成浆状物，再经过特殊的工艺处理，干燥之后就变成了纸。这种纸不仅轻便柔韧，而且价格低廉，很受欢迎。蔡伦因功被封为"龙亭侯"，这种纸也被人们称为"蔡侯纸"。

sī

丝

ㄥ　纟　丝　丝　丝

书写口诀

两个绞丝坐一横

《秒懂汉字》

　　"丝"是"絲"的简化字。从远古时代，我们的祖先就学会了养蚕，"丝"的本义就是蚕丝。"丝"的甲骨文"〿〿"就是两束丝的样子，后来的金文、小篆体都没有太大变化。"丝"引申为丝织品；后来，像丝一样细长的东西也称为"丝"，例如黄瓜丝、土豆丝等。

《演变过程》

| 甲骨文 | 金文 | 小篆 | 隶书 | 楷书 | 简化字 |

《知识扩展》

丝绸之路

公元前2世纪，汉武帝派张骞出使西域。张骞从都城长安出发，率领一百多人出使西域，历经艰难险阻，终于打通了汉朝通往西域的道路。后来，德国地理学家李希霍芬把这条路称为"丝绸之路"。

通往西域的路上驼铃声声、马蹄阵阵，中国的丝绸源源不断地输送到西域，灿烂辉煌的中华文明得以传播。与此同时，中原地区的人也第一次见到了来自西域各国的汗血马、葡萄、石榴和核桃。丝绸之路使中国与世界的联系更加紧密，大大加快了东西方文明发展的进程。

táo

桃

一 十 才 木 杉 杉 杉 桃 桃 桃

左窄右宽　左高右低

《秒懂汉字》

　　"桃"是形声字，左边是"木"，表示这个字跟树木有关系，右边是"兆"，形成左形右声的形声字。"桃"的本义指一种叫"桃树"的树木，也指桃树结的果实——桃子，引申为像桃子一样的东西。

柳 桃 桃

小篆　　　隶书　　　楷书

王母娘娘的蟠桃会

相传，天上的王母娘娘有一片蟠桃园，里面种着三千六百株蟠桃树。蟠桃树分区种植：前排的一千二百株三千年一熟，人吃了能身体康健；中间的一千二百株六千年一熟，人吃了能长生不老；后排的一千二百株九千年一熟，人吃了可以寿与天齐。

每年的三月初三这天，王母娘娘要在瑶池举行蟠桃会。届时普天同庆，各路受邀的神仙都赶到瑶池赴宴，他们不仅可以感受宴会的肃穆庄严，还可以品尝到神奇的蟠桃。不过，并不是所有的神仙都能拿到入场券，《西游记》里，孙悟空就因为没有收到邀请，气得大闹蟠桃会。

一 十 廾 艾 艾

草头不长　撇捺舒展

【秒懂汉字】

　　"艾"的本义就是艾草，又叫艾蒿，是一种开黄色小花、叶子有香气的草本植物。"艾"是个形声字，小篆的"艾"上部是"艸"（ΨΨ），表示与草本植物有关系；下面的"乂"（乂）本义是割草，有"割了艾草入药"的意思。"艾"引申为停止，倒也没有偏离"乂"的本义。

〖演变过程〗

小篆　　　隶书　　　楷书

〖知识扩展〗

口吃的邓艾

三国时期，魏国将领邓艾是个文武全才，他不但熟读兵法，政治才能也很卓越。但他却有个小毛病：说话结巴。古人跟别人说话，提到自己时要称呼自己的名，邓艾称自己为"艾"的时候，因为口吃，经常连续说出几个"艾艾"来。

有一次，司马昭故意戏弄他说："你老是'艾艾'的，到底有几个'艾'呀？"邓艾听后笑了笑，巧妙地回答："春秋时期，楚国有一首歌唱的是'凤兮凤兮'，其实也只有一只凤凰而已。"机智的邓艾巧妙地化解了自己的窘境。

书写口诀

三竖变短才和谐

《秒懂汉字》

　　很多很多的树长在一起就是森林，所以甲骨文的"森"（）就是三棵树并排而立的形象，其本义表示树木多而密。"森"也有写成林上有木的形象（），自小篆之后都保留了林上有木的写法。树木丛生，阳光就透不进来，森林有阴森可怕之感，所以"森"又引申为"阴暗可怕"的意思。

《演变过程》

甲骨文　　小篆　　隶书　　楷书

《知识扩展》

勇敢的鄂伦春

高高的兴安岭，一片大森林，

森林里住着勇敢的鄂伦春。

一呀一匹烈马一呀一杆枪，

翻山越岭打猎巡逻护呀护山林。

　　兴安岭位于黑龙江两岸，这里是鄂伦春族的家园。鄂伦春族是我国最后一个保留着狩猎习俗的少数民族，他们一年四季都游猎在森林中，过着自给自足的生活。民歌《勇敢的鄂伦春》描绘了鄂伦春族人民的狩猎生活，反映了人与自然和谐相处的关系。这首歌还被选入过小学音乐课本，也许你的爸爸妈妈就会唱呢。

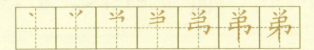

书写口诀

头小身胖竖挺拔

《秒懂汉字》

　　甲骨文的"弟"（弟），中间像一根直立的木桩，整个字像是用绳子在木桩上一圈圈缠绕捆绑的样子。缠绕捆绑是像螺旋一样有次序的，所以"弟"的本义是次第、次序，引申为弟弟。金文和小篆没有太大的变化，慢慢更接近现代的"弟"。

《演变过程》

| 甲骨文 | 金文 | 小篆 | 隶书 | 楷书 |

《知识扩展》

历史上有哪些厉害的亲兄弟？

姬发（西周开国君主）、姬旦（周公辅政）

班超（投笔从戎）、班固（著有《汉书》）

孙策（江东小霸王）、孙权（东吴大帝）

曹丕（魏国开国皇帝）、曹植（三国时期的文学家）

诸葛瑾（吴国大将军）、诸葛亮（蜀国丞相）

赵匡胤（宋太祖）、赵光义（宋太宗）

mài

麦

一 十 キ 丰 丰 麦 麦 麦

书写口诀　　三横均匀　　两撇齐平

〖秒懂汉字〗

　　甲骨文的"麦"（麦），上部的"来"是一株麦穗的形象，下部的"夂"是一个向下走的脚的形象，表示一个人走到一株麦子前面，所以古代的"麦"字本义不是麦子，而是"来"的意思。而古代"来"的甲骨文"来"像麦子，本义是麦子。后来将错就错，"麦"假借为麦子的"麦"，"来"假借为来往的"来"。

| 甲骨文 | 金文 | 小篆 | 隶书 | 楷书 |

《知识扩展》

麦子也盖大棉被

有一句民谚是"冬天麦盖三层被，来年枕着馒头睡。"冬天一场大雪过后，田里的小麦就像是盖了一床御寒的棉被，预示着来年一定会是个丰收年。你知道其中包含的道理吗？

首先，雪能够将农作物与寒冷的空气隔绝，使麦子不至于冻死；雪里还含有氮素，相当于给庄稼施了天然的肥料；此外，雪水的温度低，能够冻死农作物上的害虫；最后，等到天气变暖的时候，融化的雪水又可以融入土壤，滋润着小麦。等到麦子成熟时，当然能丰收啦。

横画均匀有变化

《秒懂汉字》

　　植物开花了，花和叶子就垂下来了。"垂"的甲骨文（ ）和金文（ ）非常像植物的花叶下垂的样子。小篆体的下部多了"土"字，表示植物长在土地上。从隶书到楷书，慢慢就没有原来的形象，而是笔画化了。"垂"字的本义是下垂、低下、垂挂，引申为临近、流传。

甲骨文　　金文　　小篆　　隶书　　楷书

垂髫：古代儿童的专属发型

现代人的发型紧跟时尚潮流，花样百出；古人则不同，他们必须守一定的规矩。如果回到古代，看发型就能大概估算出其年龄。有一种儿童专属发型叫"垂髫"，指的是头顶自然下垂的短发，因为儿童发量稀疏，所以披头散发也无妨。那么梳这个发型的孩子一般多大呢？如果是男孩的话，一般在3到8岁，女孩则在3到7岁之间。再长大一些，就会把头发在头顶扎成两个结，像是两个羊角，称作"总角"；深受小朋友喜爱的卡通人物哪吒梳的就是这个发型。

帮

bāng

一 二 三 丰 丰 邦 邦 帮 帮

书写口诀

上宽下窄竖居中

《秒懂汉字》

　　"帮"是"幫"的简化字。"帮"本义是布做的鞋帮子，从"幫"可以看出，下部的"帛"表示鞋帮子使用布帛制作，上部的"封"表示鞋上封住脚脖子的那部分。"帮"现在多表示物体两边或周围的部分，譬如"床帮"，还引申为帮助；群，伙等意思。

幫　幫　帮

隶书　　　楷书　　　简化字

《知识扩展》

一个好汉三个帮

篱笆是用竹子、芦苇或是树枝编成的栅栏，可以起到阻挡人和动物通行的作用，在我国农村的菜园周围经常可以见到。有一句和篱笆有关的谚语："一个篱笆三个桩，一个好汉三个帮"，意思是一个篱笆要用三个桩才能结实，人要想获得成功也需要别人的帮助，这就是团结的力量。

中国历史上伟大的帝王无不懂得这个道理。汉高祖刘邦的军事才能并不突出，但是他知人善用，依靠张良、萧何、韩信等人的帮助，最终在楚汉争霸中取得胜利，建立了汉朝。

动物相关篇

两横紧凑竖挺直

《秒懂汉字》

　　牛是一种吃苦耐劳的动物，春秋时期就已经开始使用牛来耕地了。"牛"的甲骨文（𐤛）是一个牛头的正面形象，两侧向上弯曲的部分像粗大的牛角，下面向斜上伸出的两横像牛的一双大耳朵，中间一竖就是牛脸了，整个字形象生动。"牛"本义指家畜——牛，还比喻固执。

甲骨文　　　金文　　　小篆　　　隶书　　　楷书

《知识扩展》

去西班牙看斗牛吧

斗牛是西班牙最具特色的体育运动。比赛开始时，斗牛士先进入场地，号角吹响之后，牛栏门拉开，一头几百公斤的公牛飞奔而入。

之后，斗牛士手握红布在档前摇晃，不断挑衅怒气冲冲的公牛，被激怒的公牛一次又一次地冲向那块红布，然后斗牛士灵活地转身躲掉公牛，如此循环，直到公牛精疲力竭。胜利后，斗牛士将迎接全场观众的掌声与欢呼。

除了西班牙以外，你还可以在意大利、葡萄牙这些国家欣赏到斗牛运动。不过，为了保护斗牛士，举办方会做大量的保护措施，斗牛比赛已经不再那么残酷了。

niǎo
鸟

头小身胖横左伸

《秒懂汉字》

　　"鸟"是"鳥"的简化字。"鸟"的甲骨文（）完全就是一只鸟的形象，有头，有喙，有羽毛，有爪子，有尾巴。到了金文、小篆体，仍然能看出头朝上，尾巴朝右的鸟侧面的样子。"鸟"的本义是会飞的禽类的统称。

| 甲骨文 | 金文 | 小篆 | 隶书 | 楷书 | 简化字 |

《知识扩展》

精卫鸟的复仇

女娃是炎帝的小女儿，她常常去东海游玩。有一天，不幸发生了意外。海上突然风大浪高，巨大的海浪打翻了她的小船，她被淹死在了海里。

女娃死后，东海的上空却突然多了一只像乌鸦的小鸟。小鸟常常来往于大海和西山之间，不断把西山上的石子和树枝衔来投进大海，日复一日，年复一年。有人说，小鸟就是女娃化成的，她想把东海填平。因为小鸟填海时总发出"精卫""精卫"的悲鸣，人们就叫它"精卫"。

后来，人们便用"精卫填海"来形容顽强的意志力或是锲而不舍的精神。

mǎ

马

头小身胖才健壮

《秒懂汉字》

马通常用来驮人、拉车、载物。"马"是"馬"的简化字。马的甲骨文（𩣑），是一匹完整的马竖起来的形象，有头，有脚，有尾巴，连马肚子和鬃毛都能看到，非常形象逼真。金文和小篆仍然能看出马的样子，隶书和楷书基本笔画化了。"马"字本义就是马这种动物。

甲骨文　　金文　　小篆　　隶书　　楷书　　简化字

《知识扩展》

马踏飞燕

甘肃省博物馆里有一件国宝级文物：东汉铜奔马。当然，它更为大家熟知的名字是——马踏飞燕。

马踏飞燕为青铜器铸造，由一匹马、一只鸟构成。马的形象是三只脚腾空，另外一只脚踏在鸟的身上，小鸟吃惊地回过头来观望。整件青铜器只靠马的一只脚支撑，不但彰显了骏马矫健的英姿，也从侧面衬托了马的奔跑速度之快。

马踏飞燕曾到欧美14国巡展，看惯了西洋天马的艺术家们对这件来自东方的艺术品叹为观止，称它为"雕塑艺术的极顶之作"。因为它的知名度如此之高，所以在1983年10月，国家旅游局将它定为中国旅游标志。

fēng

风

丿 几 凡 风

书写口诀

左右内收有腰势

《秒懂汉字》

　　甲骨文的"风"左边是"凤"（𩾌），就是凤凰，一种大鸟，右上是"凡"（𠘧），是古代装东西的用具，意思是东风起的时候，大鸟就飞回来了。小篆的"风"外面是"凡"（𠘧），里面是"虫"（𧉟），表示东风一吹，冬眠的虫子就苏醒了。古人非常聪明地用风吹鸟回、风吹虫动解释了风这种现象。

甲骨文　　　　小篆　　　　隶书　　　　楷书　　　　简化字

〖知识扩展〗

乘风破浪

魏晋南北朝时期有个叫宗悫（què）的名将，他的叔父叫宗炳，也是个远近闻名的书画家。宗悫小的时候，叔父宗炳问他长大后志向是什么，他回答说："希望能乘着大风，冲破万里波涛。"宗炳听后很是震惊，他感叹道："你这孩子，日后就算不能大富大贵，也必然会光宗耀祖啊。"

豪言壮语每个人都说过，但有些人的梦想只停留在了小时候，有些人却能梦想成真，宗悫就是后者。他勤学苦练，武艺越来越高强，长大后为国家屡立奇功，被皇帝封为兆阳侯，青史留名。他的事迹也被简化为"乘风破浪"这个成语，形容人们的志向和抱负远大。

wéi

为

丶 ㇇ 为 为

书写口诀

"撇""折"平行　两点空灵

《秒懂汉字》

"为"是"为"的简化字。甲骨文的"为"（ ）左上是一只手（ ），右边是一头竖起来的大象的形象（ ），表示用手牵着大象去劳动。传说中舜就用大象来耕田。金文和小篆中，手（爪）都移到了大象的上方，隶书已经笔画化了。"为"本义是驱使大象干活儿，引申为做事、干事。

甲骨文　　金文　　小篆　　隶书　　楷书　　简化字

《知识扩展》

勿以恶小而为之，勿以善小而不为

三国时期，蜀国君主刘备待人宽厚，以德服人，在当时广受尊敬。刘备六十多岁时，在重庆白帝城染上了重病，他知道自己命不久矣，只是还放心不下儿子刘禅。

于是刘备留下一封遗书，情真意切地叮嘱儿子："勿以恶小而为之，勿以善小而不为"，意思是不要因为好事小而不做，也不要因为坏事小而去做。这是刘备一生的经验教训，也是他的行事准则。他希望儿子谨言慎行，也做一个以德服人的贤君。虽然只有短短几行字，父亲深沉的爱子之心却溢于言表。

yě

也

乙 也 也

书写口诀

左紧右松弯拉长

《秒懂汉字》

　　甲骨文的"也"（）像一条垂着脑袋张开口的蛇。虽然金文、小篆差别挺大，但基本都是蛇各种形态的样子。"也"本义是蛇，古汉语中"它""虫""也"都是蛇的意思；现代汉语用"蛇"表示蛇了，"也"不再有蛇的意思。现用作虚词，表示同样的意思，或者一种语气。

《演变过程》

甲骨文　　金文　　小篆　　隶书　　楷书

《知识扩展》

之乎者也

赵匡胤是宋朝的开国皇帝。有一次他外出巡游来到朱雀门前，只见门额上写着"朱雀之门"四个字。他百思不得其解，就问身旁的大臣赵普："为什么不写'朱雀门'三个字，偏写'朱雀之门，这个'之'字有何用处？"赵普毕恭毕敬地回答："'之'字是语气助词。"赵匡胤听后哈哈大笑，说："之乎者也这些虚字，能对什么事情有帮助啊？"

其实，赵匡胤是军人出身，通过打仗平定了天下，自然重武轻文。他之所以这样说，是在用"之乎者也"讽刺那些迂腐的文人，咬文嚼字，没有实际意义。

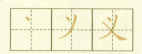

书写口诀

三笔起点步步高

《秒懂汉字》

"义"是"義"的简化字，与古代祭祀有关系。甲骨文的"义"（🖌），上面是羊（🐑），下面是一种有三个叉的兵器（🔱），表示用兵器宰羊做祭品。羊本身是一种温顺善良的动物，"义"本义是威仪、礼仪的意思，又引申为公正，正义。

甲骨文	金文	小篆	隶书	楷书	简化字

《知识扩展》

桃园三结义

东汉末年，战乱不断，老百姓生活得十分困苦。有一天，卖草鞋的刘备偶然间结识了张飞和关羽，三人志趣相投、相谈甚欢，便约定好结为兄弟，一起干一番大事业。

此时正是春天，在张飞家后花园的桃园里，三人按照年龄长幼认了兄弟。刘备年纪最大，便做了大哥，关羽为二弟，最小的张飞做了三弟。后来，他们三人建立了蜀国，无论遇到什么事情都患难与共，为天下安定做出了卓越贡献。后人对刘备、关羽、张飞桃园三结义的故事津津乐道，他们之间的交情也被称为"生死之交"。

书写口诀

宝盖小　弯钩稳

秒懂汉字

　　猪是古时每个家庭非常重要的财产，古人有在房内养猪的习惯，因此屋内有猪就是"家"。从甲骨文到楷书造字原理没有变化。甲骨文的"家"（角）字，外面的"宀"（∩）表示房屋，里面的"豕"（豸）表示猪。"家"本义是家庭，常引申为有专业知识的人。

甲骨文　　　金文　　　小篆　　　隶书　　　楷书

《知识扩展》

百家争鸣

　　春秋战国时期，战乱不断，社会动荡。周王室的实力大不如前，同时他分封的诸侯国实力越来越强。各个诸侯国之间都想吸引人才，壮大自己的实力。于是有学识、有思想的读书人纷纷提出自己的政治见解，希望学以致用，靠知识改变国家和人民的命运。这些活跃的知识分子形成了许多流派，历史上称他们为"诸子百家"。诸子百家之间互相竞争，一时形成了文化、思想相当繁荣的局面。他们的著作和思想对后世影响很深，其中，影响最大的当属儒家、墨家、道家和法家。

yú

鱼

丶　勺　勺　鱼　鱼　鱼　鱼　鱼

书写口诀

横画均匀　末横拉长

《秒懂汉字》

　　"鱼"是"魚"的简化字。甲骨文和金文的"鱼"就是一条形象生动的鱼的形象，可以看到鱼头，鱼鳍和鱼尾，金文甚至还能看到鱼鳞。小篆还能看出一点儿鱼形，到隶书基本笔画化了，鱼尾也变成了四个点。"鱼"本义就是水里的鱼。

《演变过程》

| 甲骨文 | 金文 | 小篆 | 隶书 | 楷书 | 简化字 |

《知识扩展》

生鱼片的滋味，古人比你更了解

生鱼片是日本料理中的招牌美食，可别羡慕邻国日本，其实，中国古人早就吃上了生鱼片。

据记载，早在周朝我们的祖先就开始吃生鲤鱼了，后来还发明了蘸酱的精致吃法。到了唐朝，辉煌的中华文明举世皆知，日本曾多次派出遣唐使团来中国留学。这些遣唐使将中国文化带回日本，鱼脍也是其中之一。鱼脍传到日本后，变成了生鱼片，也就是我们今天所说的刺身。

生鱼片虽好吃，里面却可能含有大量寄生虫。三国时期的陈登就是因为吃了生鱼片感染了疾病，最终不治身亡。所以吃生鱼片的同时，也要注意饮食卫生哦。

měi

美

书写口诀

间距均匀　中横最长

【秒懂汉字】

　　人头上插羽毛为"美"。在原始社会，在祭祀或者庆祝活动时，人们喜欢在头上插着各种羽毛装饰，戴着各种面具跳舞。甲骨文的"美"（𦰩）就是一个戴着羽饰跳舞的人，金文和小篆延续造字方式，但羽饰越来越简单。"美"字本义是美丽，美好，引申为好的东西。

〖演变过程〗

甲骨文　　金文　　小篆　　隶书　　楷书

〖知识扩展〗

古代美人排行榜

古人曾经评选了四个最美的女人，分别是：西施、王昭君、貂蝉、杨玉环。美人之美三天三夜也说不完，但是古人只用八个字就概括了她们的天姿国色：沉鱼、落雁、闭月、羞花。

相传，西施曾在溪水边浣纱，鱼看到她忘记了游动，沉了下去；天上飞的大雁痴迷于王昭君的容貌，忘记了扇动翅膀，掉了下来；月亮也比不过貂蝉之美，吓得躲在云彩之中；花朵看到杨玉环的美貌自愧不如，羞得抬不起头来。

其实，美的标准因人而异。古人不仅重视女子容貌之美，还要考察她的气质与品德，只有内外兼修，才够得上绝世美女的标准。

书写口诀

六横虽短有变化

《秒懂汉字》

　　"非"的甲骨文（𩙥）和金文（𢁬）像一对张开的翅膀，但是两只翅膀是背对背的，是反向的。从小篆到隶书，逐渐笔画化，但基本能看出是一对背对背的翅膀。因为翅膀是背对背的，所以"非"的本义是违背的意思，引申出责怪、否定的意思。

《演变过程》

| 甲骨文 | 金文 | 小篆 | 隶书 | 楷书 |

《知识扩展》

子非鱼

两千三百年前的一天，庄子和惠子漫步在濠水的桥上。庄子感叹道："你看，鱼在河水中悠闲自在地游来游去，多么快乐啊。"庄子只是随口一说，没想到惠子回怼道："你不是鱼，怎么知道鱼就是快乐的？"这话一说，庄子也不甘示弱："你不是我，怎么知道我不知道鱼的快乐呢？"

惠子像个逻辑学家，喜欢辩论，重分析，环环相扣；庄子则像个艺术家，重体验，善于移情同感，两人的思维风格截然不同。最终，他们的这场辩论没有分出胜负。河里的鱼也并不懂得他们交谈的内容，依旧自由自在地游来游去。

xiàng

象

书写口诀

中间口要扁　三撇间距匀

【秒懂汉字】

　　甲骨文的"象"（ ）完全就是一头大象的样子，大象的特征都表现出来了，有长长的鼻子，大大的耳朵，宽厚的身体，粗壮的腿，有力的尾巴。金文和小篆慢慢演变，就不太能够看出大象的样子了。"象"的本义是大象，常引申为形状，样子，譬如"形象"。

《演变过程》

| 甲骨文 | 金文 | 小篆 | 隶书 | 楷书 |

《知识扩展》

曹冲称象

三国时期，曹操的儿子曹冲聪敏伶俐，深得父亲喜爱。有一次，孙权给曹操送来一头巨象，曹操想知道大象有多重，就询问部下，可大象实在太重了，没有秤能称出大象的重量，群臣一时也不知如何是好。

这时候，年仅六岁的曹冲说："您只需把大象放在大船上面，在船接触水面的地方刻上记号，再往船上装石头，直到和大象吃水一样深，石头的重量就是大象的重量了。"按照这个方法，果然称出了大象的重量。

曹冲所用的方法其实是"等量替换法"。用等量的石头代替大象，再分次称出石头的重量，使"大"转化为"小"，从而完美地解决了问题。

qún

群

一 ㄱ ㅋ ㅋ 尹 君 君 君 君 君' 群 群 群 群

横要均匀　末竖悬针

《秒懂汉字》

　　"群"是形声字，从小篆"羣"可以清楚地看到"群"上部是"君"，表示读音，下部是"羊"，表示跟羊有关系。羊是一种喜欢群居的动物，牧羊时都是成群活动，所以"群"的本义就是羊群。金文、小篆是上声下形，隶书、楷书变成左声右形了。"群"后来引申为聚在一起的许多人或物。

羣　羣　群　群

金文　　小篆　　隶书　　楷书

群居的鬣狗

在辽阔的非洲大草原上，生活着一种叫鬣（liè）狗的动物。和草原之王狮子相比，鬣狗的体型和搏斗实力都要弱上一大截。论单打独斗，鬣狗输得一败涂地，可是如果面对一群鬣狗，再凶狠的狮子也不是它们的对手。

群居的狮子也有落单的时候，此时鬣狗的机会就来了，一群鬣狗趁机将狮子团团围住。一开始，狮子凭借力量优势尚有喘息之力，然而，鬣狗的耐力比狮子强，狮子跑，猎狗追，狮子前脚摆脱一只鬣狗，后脚另一只鬣狗又围了上来。时间一分一秒地过去，狮子终于精疲力竭，在这场耐力的角逐战中，鬣狗露出了胜利的微笑。

péng

朋

丿 刀 刀 月 月 朋 朋 朋

双胞兄弟俩　右边更强壮

《秒懂汉字》

　　古代用贝壳作为货币，五个贝壳是一串，两串贝壳叫一"朋"。甲骨文的"朋"（拜）就是两串贝壳连在一起的样子。金文变化不大，小篆已经失形，隶书和楷书就变成两个"月"了。"朋"本义是货币单位，后来基本指朋友，还有成群结党的意思。

《演变过程》

拜　　拜　　朋　　朋　　朋

甲骨文　　金文　　小篆　　隶书　　楷书

《知识扩展》

荀巨伯不弃朋友

荀巨伯的朋友患了重病，他赶去探望对方。路程千里迢迢，等到赶到的时候匈奴正在攻打城池。友人唯恐连累荀巨伯，焦急地说："我生了重病，横竖都是一死，你不要管我了，快逃吧！"荀巨伯摆了摆手说："我远道而来看你，那是因为咱俩交情深厚。如今你重病在身，我岂能撇下你不管？"

后来匈奴攻了进来，荀巨伯挡在朋友面前："我的朋友病了，你们不要伤害他，请让我代他去死！"没想到匈奴大受感动，感慨道："我们这些无义之人，如今是到了有义之国啊！"说完，匈奴下令全部撤军回朝，这个县的人也全部得救了。

"大"字变扁托上方

【秒懂汉字】

"奖"是"獎"的简化字。小篆的"奖"（ ）由半木（ ）、犬（ ）和肉（ ）三部分组成，有解释说是唆使狗咬人并奖励它，还有解释说是坐在长板凳（ ）上吃奖励的狗肉等等，这些说法都跟狗、奖励有关。隶书基本上失形，楷书变成了上声下形的形声字。"奖"引申为勉励，夸奖。

朕　朕　奨　奖

小篆　　　隶书　　　楷书　　　简化字

《知识扩展》

诺贝尔奖：有钱任性

瑞典有个大发明家名叫诺贝尔，他一生不仅发明无数，还致力于实业，他在全世界开设了约100家公司和工厂，积累了大量财富。诺贝尔临终前立下遗嘱："请将我的财产变做基金，每年用利息作为奖金，奖励那些在前一年度为人类做出卓越贡献的人。"

那么，诺贝尔到底留下来多少钱呢？答案是3300万瑞典克朗（约2321万元人民币）。人们用这些钱设立了诺贝尔奖，最初的奖项只有五种，即：物理奖、化学奖、生理学或医学奖、文学奖、和平奖。1901年，诺贝尔奖首次颁发。此后，诺贝尔奖成了世界范围内最重要的奖项之一，也成了无数杰出人才心驰神往的目标。

nán

难

フ 又 ヌ 邓 邓 邓 邓 邓 难 难

书写口诀

"隹"要瘦长四横匀

【秒懂汉字】

　　"难"是"難"的简化字。金文的"難"左边（）是"暵"的右半部分，表示哀鸣声，小篆的"難"左边是"堇"（ ），表示黄黏土，两种字体右边都是"隹"，表示短尾巴的鸟儿。鸟儿发出哀鸣声或者羽毛被黄土黏上就飞不起来了，都是落难了。"难"本义是落难的鸟儿，引申为困难，受困，困苦。

難　雖　難　難　难

金文　　小篆　　隶书　　楷书　　简化字

《知识扩展》

世界上最难做的饭

中国的饮食文化博大精深，你知道最难做的饭是什么吗？答案是：无米之炊。因为常言道"巧妇难为无米之炊"，这句话出自陆游笔下的一个小故事。

宋朝尚书晏景初有一次请僧人去家里讲佛经，僧人推辞说住的地方太简陋，不想讲。晏景初有点儿生气："难道高僧讲经还要挑地方吗？"僧人巧妙地回答："即使是聪明能干的妇女，没面也做不出饼来啊。"后来这句话就渐渐流传下来，演变成了"巧妇难为无米之炊"，比喻再有能力的人，如果缺少必要的条件，也很难把事情做成功。

lóng

龙

| 一 | 亣 | 尢 | 龙 | 龙 |

书写口诀

横短弯长才美观

《秒懂汉字》

　　"龙"是"龍"的简化字。龙是中国古代神话中的神兽，是神圣、吉祥的象征。"龍"的甲骨文（𩫆）就是按照古人想象中的龙的形象来造的，有龙头，有龙角，有龙须，还有弯曲的身体，金文中甚至还可以看到锋利的牙齿。"龙"本义就是传说中的龙。

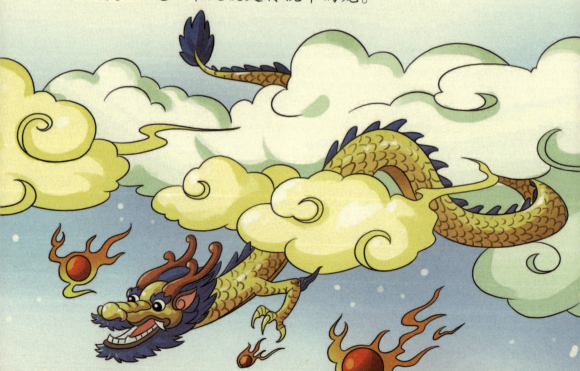

【演变过程】

甲骨文　　　金文　　　小篆　　　隶书　　　楷体　　　简化字

【知识扩展】

龙要怎么画？

龙在十二生肖中排行第五。在中国人眼里，龙能够呼风唤雨，是祥瑞的象征。不过，世界上到底是不是真的存在龙呢？有人说，它只是神话传说中的一种生物，相传龙的身体是由牛、鹿、鱼、蛇等许多动物的样子杂糅在一起，共计九种生物共同构成了一个全新的形象。

龙要怎么画？有个有趣的口诀："一画鹿角二虾目、三画狗鼻四牛嘴、五画狮鬃六鱼鳞、七画蛇身八火炎、九画鸡脚画龙罢"。这个秘诀正是抓住了龙是多种动物的合体的特点，从局部画到整体，所有工序都完成后，就能看出来画的是个龙的图案。

zhū

猪

丿 犭 犭 犭 犭 犲 狘 狘 猪 猪 猪

左窄右宽　左右等高

《秒懂汉字》

　　小篆的"猪"（豬）字，左边是"豕"（豕），本身就是猪的意思，右边是"者"，表示"猪"的发音，构成左形右声的形声字。古代，"豕"指大猪，"猪"指小猪，后来就不分了。"猪"本义就是我们常说的哺乳动物——猪。

《演变过程》

貒 豬 猪

小篆　　　隶书　　　楷书

《知识扩展》

一顿猪肉换一堂诚信课

春秋末年，有个大思想家名叫曾子，他也是孔子的得意门生。

有一次，曾子的妻子要出门赶集，儿子哭着闹着要跟着去。妻子连忙哄孩子说："你乖乖留在家里，等我回来了，杀猪给你吃。"妻子回来时，看到曾子正准备杀猪，一下子急了："你杀猪做什么？我刚刚不过是哄小孩罢了。"曾子说："小孩子不懂事，大人做什么他就学什么，你现在这样会教会他骗人的。"说完，曾子杀了猪，把它做成了美味佳肴。

虽然曾子家损失了一头猪，但他却用实际行动教育了孩子要言而有信，诚信待人。

dé

得

丿 彳 彳 彳 彳 彳 彳 彳 彳 彳 得

书写口诀

左窄右宽　横画均匀

【秒懂汉字】

　　在古代，贝壳被用作货币，所以是很珍贵的。得到贝壳（），就得用手（又）紧紧抓住，甲骨文的"得"（）就是这么造出来的。金文在左边加了个"彳"（彳），表示行走的道路，整个字的意思就是在路上得到贝壳。不管怎么样都是获得，得到的意思，引申为合适、得意。

眼　得　得　得　得

甲骨文　　　金文　　　小篆　　　隶书　　　楷书

《知识扩展》

得鱼忘筌

　　我国的渔业资源丰富，有着悠久的捕鱼史和食鱼史。早在新石器时期，鱼已经成了人们最重要的食物之一。

　　故事发生在很久很久以前。有一个渔夫到河边捕鱼，他把捕鱼工具"筌"投到水中，然后全神贯注盯着浮标，终于一条鱼一头扎进筌里。渔夫高兴极了，他取下鱼之后赶紧跑回家报喜。妻子说："你能捕到这只鱼也是筌的功劳，现在你把它放到哪里啦？"渔夫左找右找，怎么也没有找到，这才想起他把筌放在水边，忘记带回家了。后来，人们就用"得鱼忘筌"这个成语比喻事情成功以后就忘了本来依靠的东西。

114

kū

哭

丶 丨 口 口 叩 叩 哭 哭 哭 哭

两口一样　中横要短

《秒懂汉字》

　　小篆的"哭"（）字，上部"叩"（  ），是惊呼哀号的意思，下部是"犬"（  ），是狗的意思，合起来就是指狗哀号。狗的哀号声可以传得很远，听起来很凄厉，古人便借"哭"来描述人因为悲伤过度或过分激动产生的哭号声。隶书、楷书笔画化后，形体相差不大。

小篆　　　　隶书　　　　楷书

《知识扩展》

发生了什么？鬼神都哭了！

上古时期，人类还没有发明出文字。那时候人们靠结绳记事，逢大事打一个大结，小事打一个小结。后来，事情越来越多，也越来越复杂，靠绳子打结已经无法记录这些事情。

黄帝手下有一位史官名叫仓颉，他下决心改变这种状况。仓颉细心观察鸟类走过的足迹，创造出一种与之相像的图形，他称为"字"。相传，造字成功的那一天，天上下了一场谷子雨，等到夜里，鬼哭神嚎的声音从四面八方传来。有人说，人类创造了文字，也就迎来了文明，大自然再也无法隐藏它的秘密，所以鬼神都在夜里痛哭。

shū

叔

丨 丬 上 卡 卡 卡 叔 叔

左长右短　左高右低

《秒懂汉字》

　　金文的"叔"字，左边是"卡"（），像一株豆子，右边是"又"（又），像一只手，整个字的意思就是手在豆株下捡掉在地上的豆子，本义是拾取的意思，古人用伯、仲、叔、季表示排行，"叔"字引申为较年幼的，或者辈分低的意思，譬如叔叔、二叔等。

叔　叔　叔　叔

| 金文 | 小篆 | 隶书 | 楷书 |

"伯仲叔季"的奥秘

古人讲究多子多孙多福气，家中有多个孩子是人丁兴旺的象征。你知道他们怎么区分兄弟排行吗？有一个词叫"伯仲叔季"。"伯"是家里的老大，"仲"是老二，"叔"是老三，"季"是老四。

古人也会按照这套法则给自己的孩子取字。东汉末年，吴国的奠基人孙坚有四个儿子：长子孙策号称江东小霸王，字伯符；次子孙权是东吴大帝，字仲谋；三子孙翊字叔弼；四子孙匡字季佐。在讲究长幼有序的古代，如果同桌吃饭，他们得严格按照座次入席，孙策坐主座，孙匡坐末座。

书写口诀

两点上下不对齐　两横长短不一样

《秒懂汉字》

　　"买"是"買"的简化字。甲骨文的"買"（🔲），上部是"网"（🔲），下部是"贝"（🔲），意思是用网捞贝壳，本义是获得。古时候，贝壳曾经作为货币流通，可以购买东西。"买"字就引申出用货币购买东西的意思。从金文、小篆到隶书，上部的"网"慢慢简化为"四"。

《演变过程》

甲骨文　　金文　　小篆　　隶书　　楷体　　简化字

《知识扩展》

我买邻居花了一千万

南北朝时期有个人叫季雅，他被贬到南康后，想要买个房子住下。买哪里好呢？季雅四处打听。后来有个人告诉他，辅国将军吕僧珍家的家风很好。季雅便到吕家附近考察，他发现吕家确实是个书香门第，吕家人个个温文尔雅。季雅很满意，花了一千一百万的高价买下了吕家隔壁的房子。

季雅住下之后，有一次吕僧珍来串门儿，就打听房价多少，季雅回答："一千一百万。"吕僧珍认为这个价格实在是贵得吓人！季雅却回答："我这钱里面，一百万是用来买宅院的，余下那一千万是用来买您这位道德高尚、治家严谨的好邻居的呀！"

qiú

求

一　十　ナ　ナ　オ　求　求

书写口诀

四个笔画像光芒

《秒懂汉字》

　　甲骨文的"求"（）字像一件毛朝外的皮衣，字形像是甲骨文"衣"（　）的周围加上几笔，表示兽毛，"求"的本义就是毛皮衣服。从小篆开始，字形有了很大的变化。"求"引申为寻求、探求，至于毛皮衣服则由"裘"字来表示了。

《演变过程》

甲骨文　　金文　　小篆　　隶书　　楷书

《知识扩展》

刻舟求剑里的物理学

战国时期，一个楚国人乘船过江，忽然水上起了风浪，他身上的佩剑掉到了江水里。楚国人不慌不忙地在船舷上刻了一个记号，然后对船家说："你只管摇船，我自有办法找剑。"一会儿过去了，船靠了岸，他找到画记号的地方，"扑通"一声跳到水里打捞，可是怎么也找不到那把剑。岸边的人都笑了："剑并没有移动，可是船已经走了这么远，你在这里找剑，不是犯糊涂吗？"

其实，楚国人之所以没有找到剑是因为他选择了移动的船作为参照物，如果当时把船停下来，他就能找到剑；如果他选择岸边静止不动的树作为参照物，也能找到剑。

bì

币

一 𠂆 帀 币

书写口诀

平撇短小　竖画居中

《秒懂汉字》

　　"币"是"幣"的简化字，小篆的"币"（幣）字，上边是"敝"（㪫），表示"幣"字的读音。下边是"巾"（巾），指的是丝织品。在古代，丝织品经常作为赠送给别人的礼物。所以"币"的本义就是送礼用的丝织品，到汉代以后才引申为"货币"的意思。

《演变过程》

幣　幣　幣　币

小篆　　　隶书　　　楷书　　　简化字

《知识扩展》

世界上最早的货币是什么？

世界上最早的货币是吕底亚王国的金银币，大约在公元前600年出现。吕底亚位于小亚细亚半岛西部，境内有一条吕底亚河，河里金砂密集。吕底亚人在这里淘到了大量金和银混合的金银矿，然后制造了世界上最早的钱币。

货币发明之后，吕底亚的贸易变得十分繁荣。经济最富强的时代，吕底亚甚至征服了小亚细亚的所有城市。

值得一提的是，当时中国正处于春秋战国时期，同样也产生了青铜铸的刀币和布币。不过，因为没有明确的文字记载，所以学界仍然视吕底亚金银币为世界上最早的货币。

cái

财

| 亅 | 冂 | 贝 | 贝 | 贝 | 一 | 财 | 财 |

书写口诀　　左短右长　　竖钩挺拔

《秒懂汉字》

　　"财"是"財"的简化字。在夏商时期，我们的祖先曾经用过贝壳当货币，称为贝币。金文的"財"，左边是"贝"（貝），右边像个凿子（𝑓），拿凿子在贝壳上凿孔是制作贝币的过程。从小篆开始，"財"的右半部分逐渐从凿子演化成"才"。"财"的本义是钱和物资的总称。

影　財　財　财　财

金文　　　小篆　　　隶书　　　楷书　　　简化字

杨震拒金

　　东汉时有个叫杨震的人，他曾向朝廷推荐王密做昌邑县令。后来杨震被调到东莱任太守，上任途中经过昌邑时，王密亲自去迎接他。

　　晚上，王密前去拜访杨震，临走时，他从怀中掏出十斤金子要送给杨震。杨震拒绝道："我举荐你入朝为官，是清楚你的真才实学，想让你为国效力，你现在这样做，岂不是违背了我的初衷？"可王密坚持说："三更半夜，不会有人知道的，你收下吧。"杨震严肃地说："天知，地知，你知，我知，怎么能说没人知道呢？"王密顿时羞得满脸通红，赶紧离开，消失在了茫茫夜色中。

dàn

蛋

一 𠃌 中 ロ 疋 尼 定 疋 番 番 蛋 蛋

书写口诀

撇短捺长　两竖对齐

《秒懂汉字》

　　小篆的"蛋"（），实际上是古时南方少数民族的名字。下面用"虫"（　），表示蛇的意思，在那时实际上有歧视的意思。现在，"蛋"已经没有原来的意思，指禽类、蛇、龟等动物所产的卵，引申为形状像蛋的东西。

《演变过程》

小篆　　　隶书　　　楷书

《知识扩展》

"皮蛋"是什么蛋？

皮蛋也叫松花蛋，对很多中国人来说，它是特别的美味佳肴。

皮蛋这种中国独有的食物是如何发明出来的？根据《益阳县志》记载：明朝初年，湖南益阳有一户养鸭的人家，一次，一只鸭无意中在石灰卤里下了一个蛋，两个月后这颗蛋终于被人发现。剥开皮一闻，特殊的香味扑鼻而来，再咬上一口，口感鲜滑爽口，这就是皮蛋最初的样子。后来人们不断改良，最终演变成我们现在吃到的版本。

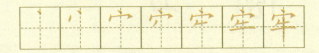

书写口诀

点对竖　横拉长

【秒懂汉字】

　　甲骨文的"牢"（），外面的"冂"像饲养牲畜的栏圈，中间是"牛"（），表示把牛关在栏圈中。金文与甲骨文变化不大，小篆在栏圈上加了一横，表示在栏圈门口横上一根大木头，栏圈就更牢固了。所以"牢"本义是牲畜栏圈，引申为监狱，结实。

《演变过程》

甲骨文　　　金文　　　小篆　　　隶书　　　楷书

《知识扩展》

亡羊补牢

从前有个养羊人，有一天早晨他发现羊丢了一只。仔细一查才发现，羊圈破了个窟窿，狼从窟窿里钻了进去，把羊给叼走了。邻居见了劝他说："你赶紧修修你的羊圈吧，否则还会再丢羊的。"养羊人不听劝告："羊已经丢了，还修羊圈干什么？"第二天早上，他发现羊又少了一只。原来，狼又从窟窿里钻进来，叼走了第二只羊。他很后悔自己没有听邻居的话，心想现在修还不晚。于是他把羊圈补得结结实实，从此以后，他的羊再也没有丢过。

"亡羊补牢"便从此而来，比喻出了问题以后想办法补救，可以防止继续受损失。

突

书写口诀

撇捺舒展中横短

《秒懂汉字》

　　甲骨文的"突"（  ）字，上边是"穴"（ ），下面是"犬"（ ），表示一只狗猛地从洞穴里冲出来。从小篆到楷书构字部件没有变化。古时人住在洞穴里，看门狗看见生人就从洞穴里冲出来，"突"本义就是从洞穴里猛然冲出，引申为急猝，譬如"突然"，还有猛冲、猛撞的意思。

甲骨文　　　　小篆　　　　隶书　　　　楷书

《知识扩展》

神奇的趵突泉

济南是一座被泉水包围的城市，诸多泉水各有风采，但是最不能错过的当属趵突泉。相传，清朝时乾隆皇帝南巡时路过此地，看到泉水澄澈清冽，便用它来泡茶，趵突泉也因此得封为"天下第一泉"。

专家研究发现，趵突泉的"泉龄"为距今46000年至23500年左右！可谓是泉水中的"老人家"了。"趵突"的意思是泉水跳跃奔突，这个词用来形容趵突泉非常形象。它的泉水分为三股，一年四季喷涌不息，水盛时能够达到数尺高。春天的趵突泉泉水汩汩，掩映在花红柳绿的春色之中；雪后的趵突泉仙雾缭绕，身临其中仿佛置身仙境。

wū

乌

丿　𠃌　乌　乌

竖折折钩是关键　　两竖角度不一样

《秒懂汉字》

　　"乌"是"鳥"的简化字。"乌"是乌鸦的简称，乌鸦全身乌黑，连眼珠子都看不清楚。金文的"鳥"（🐦）就是一个乌鸦的形象，但是没有表示眼睛的一个黑点儿。对比小篆的"鸟"（🐦）和"乌"（🐦），可以看到"乌"脑袋上少一横，没有眼睛。"乌"的本义是乌鸦，引申为黑。

《演变过程》

金文　　小篆　　隶书　　楷书　　简化字

《知识扩展》

乌衣巷

[唐]刘禹锡

朱雀桥边野草花，乌衣巷口夕阳斜。

旧时王谢堂前燕，飞入寻常百姓家。

　　刘禹锡笔下的乌衣巷位于现在的江苏省南京市夫子庙附近，这里曾经住着东晋时期最为显赫的两个家族：王家和谢家。王家以书法传世，谢家以写诗传世。这两家出过许多有名的人物，例如大书法家王羲之、大诗人谢灵运、谢朓等。王谢两家在这条巷子里居住了三百年，得意时风光无限。他们的家族子弟都喜欢穿黑色的衣服彰显尊贵的身份，所以民间就把这条巷子称为乌衣巷。

书写口诀 撒穿扁口弯钩长

秒懂汉字

　　甲骨文的"兔"（）就是一个蹲坐着的兔子的样子，头朝上，大耳朵下垂，尾巴短而上翘。形象地表达了兔子大耳朵，短尾巴的特点。金文、小篆变化很大，已经看不出兔子的形象。隶书和楷书中，"兔"字的一点不能丢了，因为那是兔尾巴演化而来的。"兔"的本义是兔子。

甲骨文　　　金文　　　小篆　　　隶书　　　楷书

《知识扩展》

兔子带你学成语：扑朔迷离

"小白兔，白又白，两只耳朵竖起来"，兔子可爱乖巧，很受人们喜爱。小兔子有很多自己的肢体语言：跳跃时表示它很开心，磨牙时表示它感到疼痛。

兔子的公母很难区分，但是古人却有一个技巧，用成语概括就是"扑朔迷离"。把兔子的耳朵提起来，如果它扑腾不停，那这有可能是一只公兔子；如果它眯上眼睛，这有可能就是一只母兔子。可是当两只兔子都在地上跑的时候，兔子的公母就很难区分了，所以人们也用"扑朔迷离"这个成语形容事情错综复杂，不容易看清真相。

wā

蛙

丶 口 口 中 虫 虫 虫 虫丶 虫土 虫土 虫圭 蛙

虫字瘦小偏左上

《秒懂汉字》

　　"蛙"是形声字，左边是"虫"，本义是毒蛇，这里做形符，表示"蛙"是一种动物。"蛙"的声符是"洼"，造字的时候，"氵"去掉，用剩余的"圭"当声符，"洼"是水坑的意思，合起来就是在浅水坑里栖息的小动物，本义就是指青蛙，一种常见的两栖动物。

蛙 蛙

隶书　　　楷书

青蛙和蛤蟆

　　青蛙和蛤蟆长得很相似，两者都是两栖爬行动物，也都是对农作物有益，它们之间最大的区别就是外貌的差异。青蛙以绿色为主，皮肤光滑湿润，一般在水里游泳、跳跃和爬行；蛤蟆的皮肤表面凹凸不平，但是它们比青蛙更耐旱，能够在离水较远的陆地或者草丛里生活。千万不要因为蛤蟆在外貌上差了青蛙几分，就将它们区别对待，这样太不公平啦！

sài

赛

丶 丷 宀 宀 宀 宎 宎 宰 宯 寒
寒 赛 赛

横画紧凑　撇捺舒展

《秒懂汉字》

　　"赛"是"赛"的简化字，"赛"的下边是"贝"，是形符。古时曾用贝壳作为货币，用"贝"作形符，表示花钱酬报神灵。"赛"的声符实际上是"塞"，造字的时候，去掉"土"，用剩余的部分做声符。"赛"本义是为酬报神灵进行祭祀，现在引申为比较高低强弱，定胜负。

《演变过程》

小篆　　　　隶书　　　　楷书　　　　简化字

《知识扩展》

马拉松比赛

国际马拉松赛是一项闻名全球的赛事，全程距离约为42.195千米。这项赛事得名于希腊的一个地名，即位于雅典东北30千米的马拉松。

公元前490年，波斯帝国对希腊发动战争，最后一战就发生在马拉松。当时，雅典人经过艰难的保卫战，终于取得了最后的胜利。为了让故乡人民尽快知道胜利的喜讯，指挥官派长跑能手斐里庇得斯回雅典报信。

他一口气跑了40多千米，到达雅典城后喊道："欢乐吧，雅典人，我们胜利啦！"话音刚落，就精疲力竭倒地而亡。此后，雅典人决定定期举行马拉松赛跑，以此纪念他们的民族英雄。

丶 丶 丷 半 半 米 米 米 米 类

书写口诀

上小下大横拉长

《秒懂汉字》

　　"类"是"類"的简化字。"类"是形声字，小篆的"类"字（類），左下部是"犬"（犬），本义是狗，左上部的"米"（米）和右上部的"頁"（頁）组成"頪"，"頪"有相似的意思，合起来就是同一类的事物相像，而狗表现的最明显。"类"本义是种类、相似事物的综合，也作相似的意思。

《演变过程》

類 類 類 类

小篆　　　隶书　　　楷书　　　简化字

《知识扩展》

有教无类的孔子

春秋时期，有一位大教育家名叫孔子，他的教育思想是"有教无类"。也就是说不论学生的出身是贵是贱，也不论他们是聪明还是愚钝，都拥有平等地享受教育的权利。

孔子一生培养学生三千人，他们来自许多不同的国家。其中有孟懿子、司马牛这样的贵族子弟，也有子贡、子路这样的平民；有颜回这样的优等生，也有宰予这样的"叛逆"学生。孔子针对每个学生的特点，选择不同的教育方法，最终许多学生都成了高材生，他也被后世尊称为"万世师表"。

dǎo

岛

丿　勹　勾　勾　鸟　岛　岛

书写口诀　胖身子抱着一座小山丘

《秒懂汉字》

　　"岛"是"島"的简化字。古时海中或者湖中的岛屿，少有人居住，但是有很多鸟类栖息，人靠近岛，也是鸟儿先飞起，因此古人就根据"鸟在山"造了"島"字。小篆的"島"，上部是"鳥"，下部是"山"，隶书、楷书把"山"放鸟肚子里了。"岛"本义是海洋或湖泊中的岛屿。

《演变过程》

小篆　　　隶书　　　楷书　　　简化字

《知识扩展》

贾岛

　　唐朝有个诗人名叫贾岛，有一天他正骑着毛驴走在路上，嘴里还反复念叨着两句诗：鸟宿池边树，僧推月下门。可到底是"僧推月下门"好，还是"僧敲月下门"好呢？他一边寻思，一边还做着推和敲的动作，不知不觉闯进了大官韩愈的仪仗队里。

　　韩愈得知原因后，不仅没生气，还笑着对贾岛说："我看还是用'敲'好，你晚上去别人家，定是敲门有礼貌呀！而且一个'敲'字，有静中取动之意，比'推'字妙。"一番话说得贾岛心服口服，从此两人结成了好朋友。"推敲"一词正是从此而来，比喻做文章或做事时反复斟酌。

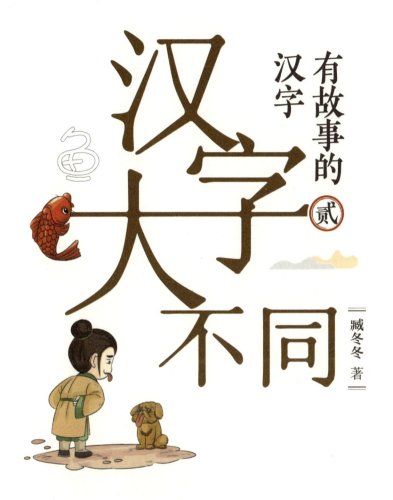

有故事的
汉字

汉字

贰

汉字大不同

臧冬冬 著

人民邮电出版社
北京

【目录】

天象地理篇

器物建筑篇

天象地理篇

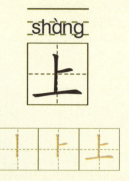

shàng

上

丨 十 上

短横上翘　长横拉长

《秒懂汉字》

　　甲骨文的"上"（二），由两横组成，长横表示标准线，在标准线之上加一短横（也有加一点的），有位置在上的意思。金文、小篆基本延续了这个造字原理，为了与数字"二"区分，小篆体则在一长横上加一竖表示。"上"本义是位置高的地方，引申为等级高的，排在前面的意思。

二　二　上　上　上

甲骨文　金文　小篆　隶书　楷书

唐朝的上元节

农历正月十五是元宵节，旧时也称上元节、元夕节、灯节。这一天，人们会举行各种各样的仪式，祈求天官赐福。除了点灯之外，还有吃元宵、猜灯谜、舞狮子等习俗。

唐朝上元节这天，国都长安的夜市热闹非凡，这一天宵禁全部解除。无论是达官贵人还是平民百姓，都要在家门口挂上灯笼，长安城内灯火辉煌。除此之外，皇宫里的人还会制作一个高二十丈的巨型"灯轮"，上面装载着五万盏花灯，远远看去，像是开着无数金花银花的树。城中百姓会在灯轮下载歌载舞，三天三夜，狂欢至极。

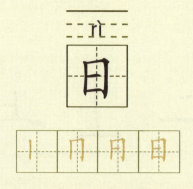

书写口诀

三横均匀　两竖垂直

《秒懂汉字》

　　"日"的甲骨文（▱）和金文（▱）都是太阳的形状。可太阳是圆的，甲骨文为什么类似方形呢？因为在龟甲兽骨上刻圆形太难了，祖先就刻成了近似方形代替。"日"中间的一点或一横，表明太阳是个实体，还可以与甲骨文的"丁"（□）区分。"日"本义是太阳，引申为白天、一天。

《演变过程》

甲骨文　　　金文　　　小篆　　　隶书　　　楷书

《知识扩展》

两小儿辩日

孔子在周游列国时，有一次看见两个小孩儿在路边争论，他就去问原因。一个小孩先说道："我认为早晨太阳离我们近，中午的时候离我们远。"另一个小孩却说："太阳早晨离我们远，中午时近。"

先说的那个小孩儿给出了理由："太阳刚出来时大得像车盖，到了中午，就只有盘子那么大了。这不是远小近大的道理吗？"另一个小孩说："太阳刚升起来时，感觉凉凉的，到了中午，却像摸热水一样。难道这不是因为远的物体使人觉得凉，而近的物体使人觉得热吗？"孔子一时也不知如何回答，小孩笑着说："是谁说孔子很博学的呢？"

tián

田

丨 冂 田 用 田

书写口诀 边竖内收　十字均分

【秒懂汉字】

　　甲骨文的"田"（田）字，外面的大方块表示把一块地围起来变成田，表示田地的范围，里面的横线和竖线表示田间的小路或沟渠，把田隔成了很多小块，以方便耕种。金文和小篆字形变化都不大。"田"字本义是种植作物的田地，还指蕴藏矿物可供开采的地带，譬如油田。

《演变过程》

| 甲骨文 | 金文 | 小篆 | 隶书 | 楷书 |

《知识扩展》

沧海桑田的传说

相传汉朝有两位神仙，一个叫王远，一个叫麻姑。有一次，他们相约去蔡家喝酒。席间，两人开始闲聊。麻姑对王远说："我已成仙多年，曾亲眼见到东海变成农田，农田再变为东海，如此反复三次。刚才路过蓬莱仙岛，那里的海水比之前少了一半，难道它又要变成陆地了吗？"听了这话，王远叹息道："是啊，有人说东海的海水要干涸了，估计不久之后，那里又将扬起尘土了。"宴会结束后，王远和麻姑都升天而去。这就是"沧海桑田"的传说，人们现在用这个成语比喻人世间事物变化极大，或者变化很快。

huǒ

火

、 丷 少 火

左低右高　撇捺舒展

《秒懂汉字》

　　学会用火是人类文明进步的一个重要标志。甲骨文的"火"（）字，就是按照火焰的形状造出来的，像熊熊烈火在燃烧的样子。金文和小篆虽然变化很大，但依然能看到向上的、燃烧的三个火苗。"火"字本义是物体燃烧产生的火焰，常引申为发怒、紧急，还指枪炮弹药。

《演变过程》

| 甲骨文 | 金文 | 小篆 | 隶书 | 楷书 |

《知识扩展》

钻木取火

远古时期，人类还没有掌握生火的方法。夜幕降临时，到处一片漆黑，人们蜷缩在一起，又冷又怕。

有一次，一个年轻人在一棵叫"燧（sui）木"的大树下休息。突然，他看到有几只大鸟在用鸟喙啄树上的虫子，每次啄的时候都会闪出火花来。年轻人受到启发，于是找来一截小树枝，用它去钻粗木头，他反复尝试，最后终于冒出了火。

后来，年轻人把钻木取火的方法传授给其他人，人们用火来照明、烹饪、取暖，从此人类能够更好地在大自然中生存。为了感谢这个年轻人，人们推举他做了部落首领，并称他为"燧人"。

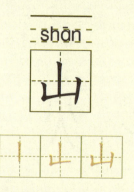

shān

山

| 丨 | 山 | 山 |

书写口诀

竖画参差　间距均匀

《秒懂汉字》

　　"山"的甲骨文（ ）和金文（ ）是三个并列起伏的山峰形状，表示山峰和山谷连绵不绝的样子。小篆体（ ）保留了三个山峰，只是线条化了。"山"就是按照大山的形状造字的，本义是山峰，即地面上由泥土和石头构成的高出地面的部分，引申为形状像山一样的东西。

《演变过程》

甲骨文　　　金文　　　小篆　　　隶书　　　楷书

《知识扩展》

二度改名的山药

　　山药是人类最早食用的食物之一，在我国有悠久的种植史。《山海经》中，山药的名字叫"薯蓣（shǔ yù）"。因为山药吃起来的口感像红薯和芋头，所以"薯蓣"也算是不错的名字，那么它为什么要改名换姓呢？

　　有一种说法是这样的：古代皇帝登基之后，人和物的名字都要避皇帝的讳，不能和皇上重名，谐音也不可以。公元762年，唐代宗李豫登基，"蓣"字成了避讳之词，因为它有药用效果，就被改成了"薯药"。大约又过了300年，宋英宗赵曙登基，"薯"字就被弃用了，便改成了"山药"，这个名字一直沿用至今。

三横均匀　撇折等长

《秒懂汉字》

　　"云"的甲骨文（）和金文（）虽然方向不一样，但基本都像云彩回转的形状。小篆的"云"（）在上方加了"雨"作形符，变成了形声字，表示云和雨有关系。现在的"云"是简化字，其实是恢复了古文字，还是象形字。"云"本义是天上的云彩，在古文中假借为"曰"，有说的意思。

岁 云 雲 雲 雲 云

甲骨文　　金文　　小篆　　隶书　　楷书　　简化字

《知识扩展》

云锦

中国古代最高级的丝织物是丝绸，丝绸中技术难度最高的是织锦，而织锦中地位最高的当属南京云锦，它也是中国的四大名锦之首。

"大脚仙，咸板鸭，玄色缎子琉璃塔"，南京曾经流传过这样一首歌谣，其中的"玄色缎子"指的就是云锦。云锦制造工艺复杂，耗时长久，两人一天仅能织五六厘米长，织出的锦绣色泽瑰丽，雍容华贵，灿若云霞，云锦也得名于此。曾经的云锦是皇家御用贡品，如今，南京云锦织造工艺已被列入《人类非物质文化遗产代表作名录》，来自东方的云锦正在向全世界昭示它的魅力。

yuè

月

书写口诀

竖撇略弯　三横均匀

【秒懂汉字】

　　甲骨文的"月"（）像月缺时的月牙形状。为什么不画成月圆形呢？因为古人见到的多数不是满月，画成圆形还容易与太阳等圆形物混淆。甲骨文的"月"和"夕"是一样的，后来为了区分，金文的"夕"（ ）就少了一点横。"月"本义是月亮，引申为计时单位——月，还指像月亮的事物等。

《演变过程》

甲骨文　　金文　　小篆　　隶书　　楷书

《知识扩展》

吴牛喘月

有句和水牛有关的民谚叫"冬天要间床，夏天要口塘"。水牛身上的毛发稀疏，汗腺不发达，既怕冷又怕热，它们在冬天需要温暖的褥子，夏天又需要泡在水里散热消暑。

古时候，我国的水牛大多生长在长江、淮河一带。这里曾经叫吴地，这里的水牛就叫作吴牛。夏天酷热难耐时，吴地的水牛只要一看到太阳，就会以为天气炎热，然后喘个不停。有一次，水牛看见天上挂着一轮圆圆的月亮，误以为这是太阳，吓得大口喘起气来。后来人们便用"吴牛喘月"这个成语比喻人遇事过分惧怕，失去了判断能力。

tiān

天

十　二　天　天

书写口诀

两横皆短　撇捺舒展

【秒懂汉字】

　　甲骨文的"天"（ ）字，像一个正面站立的人形，用方框突出了人的头。金文的"天"（ ）更加形象，用一个大大的黑点代表了人的头。小篆之后，人的头部变成了一横。古人认为头顶之上便是天，"天"本义是头顶，引申为头顶之上的天空，也表示一昼夜。

《演变过程》

| 甲骨文 | 金文 | 小篆 | 隶书 | 楷书 |

《知识扩展》

摩天轮

五彩缤纷的摩天轮代表了人类对天空的向往，当它缓缓旋转升至最高处时，城市风光尽收眼底。摩天轮是孩子们喜爱的娱乐项目，它和云霄飞车、旋转木马一起合称为"乐园三宝"。

世界上第一个摩天轮由美国人乔治·法利士于1893年设计，当时的人以设计者的名字为这个巨大的转轮命名。摩天轮引入中国后，中国人冠之以"摩天"的名字，意思是迫近高天，形容建筑物或山极高，比如"摩天大厦"或是"摩天大楼"。不过，这个词可不是现代人独创，宋朝诗人陆游就以"三万里河东入海，五千仞岳上摩天"两句写出了祖国山河的壮阔。

sì

四

丨 冂 四 四 四

书写口诀

边竖收　字形扁

《秒懂汉字》

　　古人以积画横线为数，"一""二""三""四"都是叠起来的横线。甲骨文和金文的"四"都是叠起来的四条横线。小篆的"四"（四）借用了金文中发"四"时的口型，"八"像出气形，所以"四"就由"口"和"八"组成，完全跟甲骨文和金文不同了。"四"本义是数目字"四"。

《演变过程》

| 甲骨文 | 金文 | 小篆 | 隶书 | 楷书 |

《知识扩展》

四合院

四合院是汉族的传统建筑，其格局是在院子的东南西北四面建上房屋，然后从四面将院子合围在中间，形成一个"口"字。

四合院里一般住着一户大家庭，四世同堂和和美美、其乐融融。夏天时，天井里搭着天棚，鱼缸里游着金鱼；秋天时，石榴树灼灼欲燃，给萧瑟的季节添加了勃勃生机，这是人们对吉祥美好生活的期许；冬天时，屋子里的人烤着炉火，透过纸窗可以看到院子里的枣树银装素裹。四合院里不仅有四季变幻的风景，也蕴含了传统的中国式审美，更有许多民俗知识，它正在静静等待着你去发掘和欣赏。

shì

是

丨	口	日	日	早	早	早	是	是

上窄下宽捺拉长

《秒懂汉字》

　　甲骨文的"是"（𣆛）是由"日"（口）和"止"（𡳿）组成的，到金文，下部的"止"就变成了"正"，有阳光下，朝着正确的方向前进的意思。小篆、隶书没有太大变化。"是"字的本义是正直、正确，可用作判断词，譬如"你是谁"，还可用作助词，譬如"唯利是图"。

| 甲骨文 | 金文 | 小篆 | 隶书 | 楷书 |

《知识扩展》

丁是丁，卯是卯

中国古代有一种纪年方法叫作天干地支纪年法。天干有十种：甲、乙、丙、丁、戊、己、庚、辛、壬、癸；地支有十二种：子、丑、寅、卯、辰、巳、午、未、申、酉、戌、亥。将天干地支两两搭配，共有60种组合方法，在古人眼里，60年一循环，周而复始。

"丁"是天干的第四位，"卯"是地支的第四位，虽然同为第四位，但是弄错了会影响农历的时间，因此过去人们也常用"丁是丁，卯是卯"形容人做事认真、毫不含糊。

shuǐ

水

丨 刀 水 水

书写口诀

左收右放　竖钩挺拔

【秒懂汉字】

　　甲骨文的"水"（）像流水的形状，中间的一条曲线"丬"，表示深水流，深水流比较平顺，用线表示。两边的点儿表示浅水流，浅水流容易起浪花，时断时续，用点表示。金文和小篆变化不大，到了隶书笔画化了，失去原形。"水"本义是无色无味的液体，也指河流，是江河湖海的统称。

《演变过程》

甲骨文　　　金文　　　小篆　　　隶书　　　楷书

《知识扩展》

水滴石穿

宋朝时，张乖崖被调往崇阳当县令。一天，他在衙门周围巡行，突然，一个小官员从府库中慌慌张张地走出来，仔细一瞧，鬓角旁的头巾下还藏了一文钱。张乖崖盘问了半天，对方才承认从府库中偷了一文钱。张乖崖立刻杖责了他，可他不服气地说："一文钱算得了什么！又不是什么大罪，你最多打我几下，又不能杀我！"张乖崖大怒："一日一钱，千日千钱，绳锯木断，水滴石穿。"然后对小官员做出了严厉的惩罚。

"水滴石穿"便由此而来，比喻小错不改，终将会变成大错。现在比喻只要有恒心，坚持不懈，一定会取得成功。

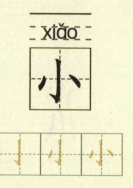

xiǎo

小

书写口诀

两点对称　竖钩挺直

《秒懂汉字》

　　"小"的甲骨文（ ⸌⸍ ）和金文（ ⸌⸍ ），都是由三个小竖点组成的，小竖点表示像沙粒、米粒、灰尘等一类细小的东西。小篆变化很大，中间的点加长，两边的点变成了弧线。"小"的本义是微小，引申为短时间的、年纪小的、排行最末的意思。

《演变过程》

| 甲骨文 | 金文 | 小篆 | 隶书 | 楷书 |

《知识扩展》

回乡偶书

[唐]贺知章

少小离家老大回，乡音无改鬓毛衰。

儿童相见不相识，笑问客从何处来。

诗人贺知章生活的年代正是"开元盛世"，大唐国力昌盛。贺知章一生顺遂，少年时就以写诗闻名于世，后来考中状元，在长安做官、生活了50年，告老还乡时已是80多岁高龄。没有人有他这样的殊荣，临行那天皇帝赠诗，太子率百官相送。当他久违地踏上故乡的土地时，乡音并未改变，可两鬓的头发早已花白，几个从没有见过他的孩子笑着问："老人家，你是谁，从哪里来呀？"

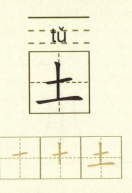

tǔ

土

一 十 土

两横有长短　中竖要垂直

【秒懂汉字】

　　"土"的甲骨文和金文下面都是一横，表示平地，上面部分是一堆土的形状，甲骨文（ⵁ）是空心的，金文（◣）是实心的，都代表地上的一团土。小篆基本跟现代汉字差不多了。"土"的本义是泥土，引申为土地、领土，还可以引申为民间的、地方的，譬如"土特产"。

| 甲骨文 | 金文 | 小篆 | 隶书 | 楷书 |

土豆食用简史

薯条、土豆泥这些美食的制作材料都是土豆，如今土豆已然是餐桌上最为寻常的食材。可是你知道吗？它在中国餐桌上出现只有几百年的历史。

据相关资料佐证，土豆最早传入中国的时间是在明朝的万历年间，传入初期属于宫廷特供，达官贵人专享，民间很少有机会吃到。到了清朝后期，中国人口突增，在巨大的粮食危机下，人们开始寻找主食的替代品，土豆就成了很好的选择。也正是在那个时候，土豆的栽种技术不断提升，产量也不断提高。时至今日，土豆已成了老百姓菜谱中不可或缺的一部分。

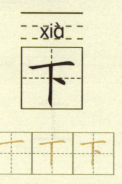

xià

下

十 十 下

书写口诀

横长竖直点偏上

《秒懂汉字》

　　甲骨文的"下"（），由两横组成，上面是一长横，下面是一短横。长横表示标准线，短横在标准线下方，低于标准线，就是位置在下的意思。金文、小篆基本延续了这个造字原理，只是小篆把短横变成了与长横垂直的竖线。"下"本义是位置处于低处。

《演变过程》

| 甲骨文 | 金文 | 小篆 | 隶书 | 楷书 |

《知识扩展》

"下榻"的来历

东汉时，南昌有位名士名叫徐孺子，他才德兼备，不慕富贵，在当地很有名望，人们称他为"南州高士"。地方上曾多次举荐他做官，但是徐孺子坚决推辞。

新任太守陈蕃非常敬重名士，他刚到任就诚挚邀请徐孺子前来相见。陈蕃专门为徐孺子设了一张床榻，平时不接待别的客人，只有当徐孺子来时，他才把榻放下来，二人秉烛夜谈，徐孺子一走，他就又把这张榻悬挂在墙上，于是人们把陈蕃礼贤下士的行为称作"下榻"。现在这个词泛指住宿，多用于书面语或是外交场合。

yǔ

一 丁 市 雨 雨 雨 雨 雨

边竖略收　四点均匀

【秒懂汉字】

　　甲骨文的"雨"（），上面一横表示天空的云，下面的小竖点表示连续不断的雨滴。金文（）稍有变形，但云层和雨滴都还在。小篆"雨"在金文的上面又加了一横表示天，云更加线条化。"雨"的本义就是从天上云层降落的雨，即下雨。

| 甲骨文 | 金文 | 小篆 | 隶书 | 楷书 |

《知识扩展》

梅雨时节趣对诗

每年的初夏季节，我国的长江中下游地区会出现一段时间的阴雨天气。此时江南的梅子刚好成熟，人们便赋予这段时期一个美丽的名字——"梅雨季节"。

清朝有两个安徽人方苞和姚鼐，他俩相约去一家酒馆小饮。正是梅雨季节，方苞说黄梅时节多雨，姚鼐却说黄梅时节多晴。方苞说："宋朝人的诗有'黄梅时节家家雨'你不知道吗？"姚鼐反驳道："可宋人也写过'梅子黄时日日晴'啊。"正当两人相持不下时，店家打了个圆场："还有一句宋诗'熟梅季节半阴晴'。"听了这话，两人不禁哈哈大笑，握手言和。

míng

明

| 一 | 冂 | 月 | 日 | 即 | 明 | 明 | 明 |

书写口诀 左低右高 "日" "月" 皆瘦

《秒懂汉字》

　　古人对"明"有两种解释。甲骨文的"明"（），"日"（日）在右，"月"（）在左，表示白天太阳照明，晚上月亮照明。金文的"明"（），左边是窗户"日"，右边是""，表示月光从窗户照进来。小篆跟金文相同。两种"明"的解释都跟照明、光亮有关系，"明"的本义就是光明。

甲骨文　　金文　　小篆　　隶书　　楷书

《知识扩展》

清明

[唐]杜牧

清明时节雨纷纷，路上行人欲断魂。

借问酒家何处有？牧童遥指杏花村。

　　清明节不仅是传统节气，也是二十四节气之一。对于现代人来说，清明节是扫墓祭祖的节日，但在古时候，大家会在这一天结伴踏青，或是放风筝、荡秋千、玩结草游戏等等。

　　一千多年前的唐朝，正值清明，天空中淅淅沥沥落着小雨，路上的人行色匆匆。大诗人杜牧独自牵着马，他想找个酒馆落脚，也好避避风雨。迎面而来的牧童骑着黄牛吹着笛子，他用手一指：前面有一片杏花林，酒馆就在那杏花深处。

shí

石

一 ナ プ 石 石

书写口诀

横短撇落地

《秒懂汉字》

　　甲骨文的"石"（叮），右上的"ㄱ"像山崖的样子，左下的"廿"像石块的样子，意思就是山崖下的石块。金文和小篆把山崖简化，就是早期的"厂"。"石"本义是石头、石块，还可以作计量单位，容量单位"一石"是十斗，重量单位"一石"是120斤，读dàn音。

《演变过程》

| 甲骨文 | 金文 | 小篆 | 隶书 | 楷书 |

《知识扩展》

漱石枕流

　　西晋时，山西有一对好朋友孙楚和王济。孙楚是文学家，出身于官宦世家，他才气卓绝、超凡脱俗，王济是晋文帝司马昭的女婿。少年时，孙楚曾想隐居，他把自己"枕石漱流"的志向告诉王济，意思是他要像文人雅士一样枕着石头睡觉，以流水漱口。谁料孙楚一时口误，说成了"漱石枕流"。王济就问如何用石头漱口？如何枕着流水？孙楚自知错了，但还是强行给自己打了一波圆场："枕流是为了洗耳，漱石是为了磨牙齿。"后来"漱石枕流"一词便流传了下来，比喻洁身自爱、磨砺意志的意向。

书写口诀 　上小下大　　首撇起点要对齐

《秒懂汉字》

　　从甲骨文到楷书，"多"字的变化不大，都是两个"夕"叠在一起。清代大家王国维先生认为"多"字的形状更像两块肉。"夕"的金文是"ㄗ"，"肉"的金文是"ㄗ"，出了头，的确不好分。但一个是夜晚多，一个是肉多，不影响"多"字的本义——数量多，引申为超出的，不必要的。

甲骨文　　金文　　小篆　　隶书　　楷书

《知识扩展》

骄傲的将军：韩信点兵，多多益善

西汉有一位大将军名叫韩信，他不仅骁勇善战，而且军事才能卓越，是汉朝的开国功臣之一，被后世尊称为"兵仙"和"神帅"。

有一次汉高祖刘邦问韩信："你认为我能带多少兵呢？"韩信说："陛下您可以带十万人。"刘邦又问："那你可以带多少人？"韩信回答："我带兵的话，自然是多多益善。"

在皇帝面前毫不收敛锋芒毕露，可谓犯了大忌讳。正当刘邦不高兴的时候，韩信补充道："陛下虽然不善于带兵，但善于统领将军，而且这是天赐之才，别人就算努力也难以企及。"这话一说，刘邦才转怒为喜。

书写口诀

边竖内收　小口居中

《秒懂汉字》

　　水流湍急的地方就容易出现漩涡，漩涡的波纹是回旋状的。"回"的甲骨文（卩）和金文（𝖌）都像水流回旋的形状，小篆（回）变成了大口套小口，隶书、楷书同小篆。"回"字的本义是回旋，旋转，引申为掉转、返回、答复的意思，还能用作量词，表示次数。

《演变过程》

甲骨文　　金文　　小篆　　隶书　　楷书

《知识扩展》

孔子的得意门生：颜回

颜回是鲁国人，十四岁时拜入孔子门下，此后一直跟着孔子求学问道，深得老师真传。他一生虽没有做过官，却是孔子最喜欢的学生。

颜回的祖上本是贵族，后来家道中落，到了他这代，生活已经比较清贫了。颜回平时住在偏僻狭窄的巷子里，用竹器盛饭吃，用木瓢舀水喝。很多人忍受不了这种糟糕的环境，但是颜回却能够安贫乐道，丝毫不以为意。

后来，颜回先孔子而去世，孔子悲痛欲绝，他感慨道："我的学生中，颜回最好学，可是他年纪轻轻就死了，再也没有人像他了。"

qíng
晴

丨 冂 月 日 日 旷 旷 旷 晴 晴 晴 晴 晴

左短右长横画匀

《秒懂汉字》

　　小篆的"晴"（），左边是"夕"（）），右边是"生"（），意思是雨停了，月亮升起来了，夜晴了。隶书和楷书完全不同于小篆，左边是"日"，有太阳意，右边是"青"，有蓝天意，蓝天白日就是晴天。"晴"本义是雨停天清无云的天气，即晴朗的天气。

《演变过程》

性　晴　晴

小篆　　　隶书　　　楷书

《知识扩展》

《快雪时晴帖》的前世今生

一千六百年前的东晋，天空落了一场大雪。清晨，大书法王羲之推开门，天气晴好，空气清明。他挂念起远在山阴的好朋友张侯，于是提笔写了一封信，信中写道："羲之顿首，快雪时晴，佳想安善。未果为结力不次。王羲之顿首。"寥寥数语，淡如水的友谊跃然纸上，后人把这幅作品称为《快雪时晴帖》。

相传乾隆皇帝十分钟爱这本字帖，将它与王献之的《中秋帖》、王珣的《伯远帖》合称为"三希"，并将它们一起收藏在自己的书房"三希堂"中，时常翻阅观摩。现在，《快雪时晴帖》被收藏于台北故宫博物院，是镇馆之宝之一。

chūn

春

一 三 丰 夫 夫 表 春 春 春

书写口诀　　三横均匀　撇捺舒展

【秒懂汉字】

　　一年之计在于春，万物复苏，草木发芽，春天就来了。甲骨文的"春"，左边的"草"上下是草木，中间是日，表示温暖的阳光滋润草木生长；右边的"屯"实际上是"屯"的甲骨文，表示春天到了，种子破土发芽。金文和小篆构字部件位置发生了变化。"春"本义是春季，比喻生机。

《演变过程》

甲骨文　　　金文　　　小篆　　　隶书　　　楷书

《知识扩展》

春游

词/曲 李叔同

春风吹面薄于纱，春人装束淡于画。

游春人在画中行，万花飞舞春人下。

梨花淡白菜花黄，柳花委地芥花香。

莺啼陌上人归去，花外疏钟送夕阳。

《春游》是一部多声部合唱曲，由李叔同运用西洋作曲方法写成，在中国音乐史上史无前例。歌词里记录着春天最好的样子：三月里，风和日丽，梨花、菜花、柳花淡淡地绽放，游人信步城外，黄莺飞来，婉转啼鸣，像是一幅国风水墨画，恬淡而脱俗。

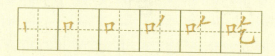

书写口诀

口偏左上弯钩长

《秒懂汉字》

　　小篆体的"吃"（），左边是"口"（ㅂ），右边是"气"（气），指说话结结巴巴，一边说话一边喘气，就是我们常说的口吃。隶书、楷书笔画化后，"气"写作"乞"，就是现在的"吃"，本义是说话时的语言缺陷，即结巴。常引申为咽下食物，譬如"吃饭"，还有承受，譬如"吃苦"。

小篆　　　　隶书　　　　楷书

【知识扩展】

张翰为吃辞职

西晋的张翰本是苏州人，他才华出众，尤其擅长写文章。有一段时间，他和朋友一起去了洛阳做官。

洛阳在北方，风土人情想必和南方有很大差异。深秋的一天，秋风萧瑟，黄叶遍地，张翰忽然想起了家乡的莼菜羹和鲈鱼脍，他感慨了一句："人生贵在过得顺心舒适"，便辞官回江南老家去了。回到家乡后的张翰不再做官，他专心侍奉母亲，最后终老于故乡。后来人们便以"莼鲈之思"比喻思念故乡。

事实上，张翰只是以此为借口，想要远离朝堂纷乱。后来，西晋果然大乱，张翰的同僚们死的死、伤的伤，唯有在故乡的张翰安然无恙。

两撇平行横勿长

《秒懂汉字》

　　月亮出现了，天就快黑了，古人用月亮的出现表示傍晚的来到。甲骨文的"夕"和"月"是完全一样的，都是一个月牙形状。后来为了区分"月"和"夕"，金文"夕"（𝄞）就比"月"（𝄞）少了一竖点，小篆延续了这种造字方式。"夕"本义是傍晚，即太阳落山的时候，也指晚上。

《演变过程》

甲骨文　　　　金文　　　　小篆　　　　隶书　　　　楷书

《知识扩展》

除夕

　　除夕是农历腊月最后一天的晚上，是一年的尾声。此时远在天涯的游子都已经回到故乡，与家人欢聚一堂。

　　清早起来，人们要把家里家外打扫得一尘不染，然后贴上春联、门神、年画、窗花，最后还要挂上大红灯笼。年夜饭是除夕的重头戏，桌上的菜肴不仅要讲究品种丰富，还要图个好彩头——红烧鱼寓意着"年年有余"，饺子寓意着"招财进宝"。

　　传统的春节还有守岁的习俗。吃完年夜饭后，人们围坐在炉旁闲聊，通宵等待。当零点的钟声响起，爆竹齐鸣、烟花齐放，新年如期而至。

书写口诀

左窄右宽弯钩长

【秒懂汉字】

　　小篆体的"洗"（），右上边是止（Ψ），右下边是人（ᕐ），表示脚在人前；左边加上"水"（），就表示一个人把脚伸进水里。"洗"的本义是洗脚，引申为用水除掉污垢。关于洗，古人用不同的字来表示洗不同的身体部位，比如，"沐"指洗头发，"浴"指洗身，"盥"指洗手。

〖演变过程〗

洗　洗　洗

小篆　　　隶书　　　楷书

〖知识扩展〗

王羲之的洗砚池

东晋王羲之出生于山东临沂的一个书法世家。受家学影响，他自幼酷爱书法，7岁时跟着著名的女书法家卫夫人学习，十几岁时把父亲秘藏的前代书法著作偷偷拿来，一边看，一边照着摹写。

为了能把字写好，他每天坐在池子边练字，练完了就在池水里洗刷笔砚。时间一久，墨汁把池水染成了黑色，人们就把这个池子称作"洗砚池"。功夫不负有心人，王羲之的字日益精进，后来他成了书法史上的"书圣"，代表作《兰亭序》被誉为"天下第一行书"。

diǎn

点

书写口诀

"口"扁四点匀

《秒懂汉字》

　　"点"是"點"的简化字。金文的"点"（），左侧是"黑"表示黑色，右侧是"占"，表示占卜。小篆、隶书、楷书的构字方式没有变化。古人占卜时会在龟壳的裂纹上滴入墨汁，墨汁可以使裂纹更清楚。"点"的本义就是占卜的龟壳上的黑点，引申为细小的痕迹或物体。

【演变过程】

金文　　　小篆　　　隶书　　　楷书　　　简化字

【知识扩展】

张僧繇　画龙点睛

南北朝时期有一个画家名叫张僧繇（yóu），当时的皇帝经常请他在佛寺墙壁上作画。相传，他在南京安乐寺的墙壁上画了四条栩栩如生的龙，遗憾的是龙没有眼睛。旁人觉得奇怪，他解释道："画了眼睛，龙就飞走了。"人们觉得不可思议，一再要求他点上眼睛。张僧繇没有办法，只能提笔。刚一落墨，突然电闪雷鸣，雷电劈穿了墙壁，那两条龙挣脱墙壁，腾云驾雾飞上了天，只剩下另外两条还留在墙壁里。

"画龙点睛"这个成语便由此而来，现在常用来比喻写文章或讲话时，在关键处用几句话点明实质，使内容更加生动有力。

rán

然

ノ　ク　タ　タ　タ　タ　外　外　然　然　然　然

书写口诀

四点均匀有变化

《秒懂汉字》

　　从金文到楷书，"然"的构字部件都没有变化，由"月""犬""火"构成，"然"的上部"肰"本义是狗肉，加上下部的"灬"就是在火上烧烤狗肉。"然"本义是燃烧，后来造形声字"燃"表示燃烧，"然"就不再有燃烧的意思，仅表示是、对、如此、这样的意思，还可以作连词（然后）、后缀（突然）。

金文　　　小篆　　　隶书　　　楷书

《知识扩展》

孜然的旅行

孜然原产自北非、西亚一带。它的气味芳香浓烈，恰好与牛羊肉的鲜香完美地融合在一起，因此常常可以在烤牛肉、羊肉之中看到它的身影。

人类食用孜然的历史已经有两千多年了。孜然被人类使用后，经阿拉伯地区向东传播到了古波斯，他们把孜然称作"zireh"。唐代的时候，又经丝绸之路传入中国西域，即现在的新疆一带，中国人根据古波斯的发音译为"孜然"。此后孜然就成了新疆最重要的香料之一，并且随着美食的传播交融，孜然的味道也播撒到了全国。

三笔间距匀　　起点有高低

【秒懂汉字】

甲骨文的"川"（），左右两边是弯曲的河岸，中间的小竖、小点像流水和浪花，合起来像河流的形象。金文和小篆中间的小竖和小点消失，用跟河岸类似的线条替代。"川"的本义是河流，引申为平原、平地，还是中国四川省的简称。

《演变过程》

| 甲骨文 | 金文 | 小篆 | 隶书 | 楷书 |

《知识扩展》

唐朝第一豪宅——辋川别业

大唐长安附近的蓝田县有一处辋（wǎng）川谷，这里风景秀丽、青山绿水。唐代初年，有一个诗人看中了这里，他花重金在此地建造了一片庄园别墅，称为"蓝田山庄"。

岁月流转，后来这片宅子到了王维手里，他的改造计划开始了：他在建筑里融入自己对山水画的理解，将绵延二十多里的辋川山谷修建成了一座可耕、可牧、可樵、可渔的综合园林。二十多年过后，这里已然成了"中国古代第一别墅"，王维称它为"辋川别业"。在这片宅子里，王维过着惬意的田园生活，也写下了许多流传千古的山水诗作。

míng

名

撇要落地口要扁

《秒懂汉字》

　　甲骨文的"名"（），左边是"口"（ᄇ），右边是"夕"（☽），表示晚上看不清对方，就用嘴说出姓名来辨认对方。金文（名）把"夕"（☽）移到了"口"（ᄇ）的上方。小篆（名）把"夕"的线条拉长并下弯，跟现代汉字接近。"名"本义名字、名称，引申为名声、名誉，还有说出的意思。

甲骨文　　　金文　　　小篆　　　隶书　　　楷书

《知识扩展》

雁塔题名

在陕西省西安市南郊有一座七层的大雁塔，被视为西安的城市名片。

唐中宗年间，张莒（jǔ）在高中进士之后去大雁塔游玩，他一时兴起，把名字题在大雁塔上。后来的新科进士纷纷效仿，他们高中后集体来到大雁塔下，把姓名、籍贯和考中的时间题写在墙壁上。

据史料记载，唐代约有八千多名进士，半数以上都曾在大雁塔题名。这些人中，最出名的当属白居易。他二十七岁高中，少年得志，意气风发，写下了"慈恩塔下题名处，十七人中最少年"的诗句。遗憾的是，由于年代久远，现在在大雁塔内已经看不到他们的墨迹了。

lǎng

朗

书写口诀

左高右低撇穿插

《秒懂汉字》

　　"朗"的小篆体右边是"良"（良），左边是"月"（月）。"良"本义是走廊，引申为美好的意思。有人说"朗"是照进走廊的月光，也有说是美好的月光，不管哪种解释，都跟明亮的月光有关系。"朗"本义是明亮，光线充足，有时也形容声音清晰响亮。

《演变过程》

朗　朗　(小篆字形)

小篆　　　隶书　　　楷书

《知识扩展》

珠穆朗玛峰

位于中国和尼泊尔交界处的珠穆朗玛峰是地球上最高的山峰，高度为8844.43米。在藏语中，"珠穆朗玛"的意思为"大地之母"。山如其名，珠峰巍峨宏大，气势磅礴，像隐藏在云雾之中的冰雪世界，激起无数登山爱好者的攀登欲望。

然而，珠峰不仅地形险峻，而且气候多变。更为致命的是，白雪皑皑的世界里到处隐藏着冰陡崖和冰裂隙，正因如此，人们才把它视为人类对大自然的终极挑战。

记者曾经问英国探险家乔治·马洛里为什么要攀登珠峰，他回答："因为山就在那里。"这句话也成了登山界的名言，激励着人们在通往珠峰的路上勇敢拼搏、永不言弃。

yè

夜

`丶 亠 广 广 疒 夜 夜 夜`

书写口诀

首横短　捺画长

《秒懂汉字》

　　甲骨文的"夜"（）和"亦"相同，"亦"的本义是腋下。金文（夾）添加了"夕"（夕），有月亮已经升到了人的腋部那么高，夜晚来临了的意思。小篆的构字方式不变，隶书、楷书变化很大，已看不出构字部件。"夜"本义是从天黑到天亮的一段时间，即夜晚。

《演变过程》

甲骨文　　金文　　小篆　　隶书　　楷书

《知识扩展》

枫桥夜泊

[唐]张继

月落乌啼霜满天，

江枫渔火对愁眠。

姑苏城外寒山寺，

夜半钟声到客船。

公元753年，张继在新科进士榜上找到了自己的名字，他以为春风得意的日子即将开始。然而，两年后，安史之乱爆发，张继不得不沿着京杭大运河去江南躲避战乱。在一个凄寒的夜晚，张继来到了苏州城外的枫桥，江南水乡的秋夜沉静如水，可是他却漂泊在外不知归处。数千年过去了，当年登科的状元早已湮没在历史中，然而张继的名字却流传了下来。

wēi

危

イ ゲ ゲ 乍 乍 危

头小尾长呈三角

【秒懂汉字】

　　小篆的"危"左上部是"厃"，意思是站在悬崖上的一个人，下面是"㔾"，表示跪着的一个人，有人说是害怕而跪着，也有人说是受伤而跪着。总之说山崖高，摔下来会受伤，让人害怕。"危"本义是高、高处，引申为危险、危急、伤害，也指人快去世了。

小篆　　　隶书　　　楷书

【知识扩展】

危如累卵

　　春秋时期，晋献公下令修建一座造价高昂的九层高台，大臣们都劝他不要劳民伤财，可晋献公就是不听。

　　这时，有个叫荀息的人出现了，他给晋献公表演了个小把戏。只见他先拿出十二颗棋子平摆在地上，然后又拿出九个鸡蛋，一个一个地垒上去。晋献公紧张得叫了起来："太危险啦！"荀息这时才意味深长地说："可是还有更危险的事呢。您修建的高台，三年还未完工，老百姓的日子苦不堪言，如果外敌入侵，咱们国家不就像这鸡蛋一样危险吗？"

　　晋献公听了恍然大悟，于是他下令停止筑台。这就是成语"危如累卵"的由来，现常用来比喻极其危险的情况。

两撇平行有长短　撇捺交点要偏上

【秒懂汉字】

　　"久"的金文（）和小篆（）上部都是仰卧着的人形，下面的一笔（丶）像用燃烧的艾条，在熏烤病人的穴位或者患处，也有说是古时热敷刮痧的石头。"久"的本义为中医用熏烤的方法治病，后引申为时间长久。现在"久"本义已不用，重新造了"灸"字代替。

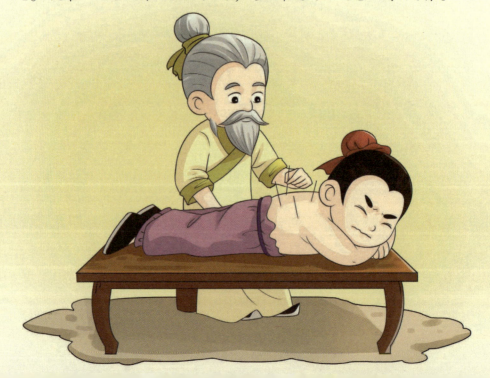

〈〈演变过程〉〉

金文　　　　小篆　　　　隶书　　　　楷书

〈〈知识扩展〉〉

但愿人长久，千里共婵娟

　　九百多年前的北宋，正是中秋节的夜晚。明月高悬，清辉满地。此时的苏轼孤身一人在密州，因为与当时掌权的王安石政见不合，他辗转在外做官。

　　夜凉如水，苏轼举起酒杯敬了敬明月，也遥敬远方的家人。他微微有些醉了，恍惚间想到七年未见的弟弟苏辙，不知他现在是否平安、不知他此时是否也在看着同一轮明月。人世间的聚散离合正如月亮的时圆时缺，自古以来世上就很难有十全十美的事吧。念及于此，旷达的苏轼决定拥抱世界的不完美，他期待着下一次中秋能与弟弟相见。

yuán

原

一 厂 厂 厂 厉 盾 盾 原 原 原

书写口诀

横短撇长"白"莫胖

《秒懂汉字》

　　金文的"原"（）字，上面的"厂"表示山崖，下面是"泉"（ ），表示泉眼里流出的泉水。"原"本义就是泉水从山崖上的泉眼里流出来，即水源、源泉。引申为最初的、开始的、没有经过加工的，也指平坦的地方。现在"原"本义已不用，重新造了"源"字代替。

《演变过程》

金文　　　小篆　　　隶书　　　楷书

《知识扩展》

赋得古原草送别（节选）

[唐]白居易

离离原上草，一岁一枯荣。

野火烧不尽，春风吹又生。

　　据说，大诗人白居易刚刚到长安时，是个没什么名气的小青年。为了提高自己的知名度，他带着自己的诗稿去拜会当时的文坛掌门顾况。顾况看到名帖上"白居易"的名字，就拿他开玩笑说："长安米价昂贵，居住怕是不容易啊！"等读到他的《赋得古原草送别》时，不由得击节称赞："能写出这样的好诗，在长安住下去又有什么难的！"后来，顾况经常向别人谈起白居易的诗才，白居易的诗名一下子传开了。

sǎ

洒

`　丶　氵　汀　沂　沥　沥　洒　洒

书写口诀

左窄右宽　　左长右短

《秒懂汉字》

　　"洒"是个独立的字，也做"灑"的简体字。小篆的"洒"（𤄷）字，左边是"水"（𣲱），右边是"麗"（𪋌），表示有水洒出来，水花四散很美丽的意思。"洒"本字构字部件"西"有囊袋的意思，洒就有水从囊袋流出来的意思。"洒"本义是把水淋在地上，即洒水，引申为散落。

灉　灑　灑　洒

小篆　　隶书　　楷书　　简化字

《知识扩展》

洒水车的音乐

洒水车是城市道路的护理工。它能够给道路除尘，降温，还可以灌溉道路两边的花草树木。每当洒水车在道路上缓缓喷水时，总是播放一两首我们熟悉的音乐，例如《兰花草》《祝你生日快乐》《世上只有妈妈好》《南泥湾》等等。那么，为什么洒水车要一直重复同样的歌曲呢？

其实这是为了让人们形成条件反射，当洒水车每次都播放同一首歌时，人们就知道洒水车来了，要及时躲避。如果更换了歌曲，人们会误以为这是路边广场舞或者超市播放的音乐，这样就有可能让水溅到身上，还有可能出现安全问题。

pǐ

匹

一 ㄏ 兀 匹

书写口诀

"儿"字靠上　末横稍长

《秒懂汉字》

　　金文的"匹"（），像布匹折叠的形状，有说山崖下的布，还有说从织布机上落下的布，都跟布的折叠有关系。小篆变化很大，但还有布的样子，隶书、楷书已经笔画化了，但还有小篆的影子。"匹"是古代布匹的长度单位，四丈为一匹，后用作计量马、骡等，还有对比、相配的意思。

《演变过程》

金文　　　　小篆　　　　隶书　　　　楷书

《知识扩展》

天下兴亡，匹夫有责

明末清初有一位叫顾炎武的大学问家，他与黄宗羲、王夫之三人并称明末清初"三大儒"。顾炎武生活的时代是清军入关后的动荡乱世，面对纷繁复杂的环境，他提出"保天下者，匹夫之贱与有责焉耳矣"，也就是说：国家兴亡不能只赖于当权者的政策引导，而是每个老百姓义不容辞的责任。后人把顾炎武的思想概括为"天下兴亡，匹夫有责"。

顾炎武的这句话激励了千千万万人。即使是在和平年代，国家也与我们息息相关。只有国家繁荣富强了，老百姓才能安居乐业，因此爱国、卫国是每个人应尽的责任和义务。

zhōu

州

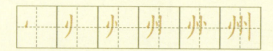

书写口诀

竖向笔画匀　三点要齐平

《秒懂汉字》

　　"州"的甲骨文（ ）和金文（ ），自上而下的三条曲线代表河流，中间曲线的圆圈代表陆地，"州"的本义是河中泥沙淤积形成的陆地。小篆体在每条曲线上都加上了小圆圈，还是表示陆地的意思。"州"的本义后来被造字"洲"代替，现在"州"表行政区划，也用作地名。

《演变过程》

| 甲骨文 | 金文 | 小篆 | 隶书 | 楷书 |

《知识扩展》

九州

相传上古时期洪水泛滥，在禹的整治下，洪水终于汇入大海，江河从此畅通。禹根据自己对地形的认识，将中国的土地划分为"九州"，分别是：冀州、兖州、青州、徐州、扬州、荆州、豫州、梁州和雍州。冀州在现在的河北、河南一代；兖州涉及现在的河北、河南、山东一带；青州涉及河北和山东半岛；徐州涉及山东、江苏、安徽；扬州涉及江苏、安徽、江西；荆州涉及、湖北、湖南；豫州涉及河南、山东；梁州涉及陕西、四川、甘肃、青海；雍州涉及内蒙古、宁夏、甘肃河西、新疆。此后，"九州"就成了古代中国的代名词。

zhōu

周

丿 冂 用 用 用 用 周 周

书写口诀

竖撇直　外框正

《秒懂汉字》

　　甲骨文的"周"（囲），像一块田地里密密麻麻种着庄稼的样子，本义是作物生长旺盛稠密。金文的"周"（𤰇），在下面加了"口"（𠙵），表示说话周密慎重，处事周详。小篆完全变形，把上部改成了"用"，下部为"口"。"周"本义指作物生长稠密，引申为周密、周到，又指星期。

《演变过程》

周　周　周　周　周

甲骨文　　金文　　小篆　　隶书　　楷书

《知识扩展》

庄周梦蝶

战国时期，有一个思想家名叫庄子，他姓庄，名周，是道家学派的主要创始人，与老子合称"老庄"。

有一天，庄子沉沉地睡着了。梦里他化成了一只蝴蝶，蝴蝶栩栩如生，拍动着美丽的翅膀在天地间自由地飞来飞去。他感到快乐而惬意，忘记了自己原本是庄周。忽然，梦醒了，恍惚中的庄子一时没有回过神，他分不清到底是庄周在梦中变成了蝴蝶呢？还是蝴蝶在梦中变成了庄周呢？

"庄周梦蝶"的故事虽然短小，却包含了庄子浪漫主义的思想情怀，引起后世文人的无限共鸣，也成了他们经常引用的典故。

书写口诀

左收右放点对竖

《秒懂汉字》

　　甲骨文的"永"（）字，有说像水的主流分出一条支流的样子，也有说像人在水中游泳，两侧是水流或者波纹的样子。金文、小篆基本延续这种造字原理。"永"的本义是长长的水流，因为水能够源源不断地流下去，"永"又引申为时间久远的意思。

甲骨文　　　金文　　　小篆　　　隶书　　　楷书

【知识扩展】

伤仲永

古时有一个天才少年名叫方仲永，他五岁那年，突然和父母要来纸和笔，写下了一首诗。他的父母很高兴，拿着这首诗到处炫耀。后来，街坊邻居经常指定题目让他作诗，神奇的是方仲永都能完成。

县里的那些富人非常欣赏方仲永，纷纷花钱请他作诗。见此情景，方仲永的父亲彻底放弃了让仲永学习的念头，不断带他到处表演，以博得称赞和物质奖励。

就这样，方仲永失去了学习的机会，作诗水平也每况愈下。等到十二三岁的时候，他写的诗比以前逊色了许多；二十岁的时候，他的才华已经全部消失，变得和普通人一样了。

mèng

梦

| 一 | 十 | 才 | 木 | 术 | 村 | 材 | 林 | 林 | 梦 | 梦 |

书写口诀　**上宽下窄横撇长**

《秒懂汉字》

　　"梦"是"夢"的简化字。甲骨文的"梦"字，左边是一张床（），右边是一个躺床上的人（）。这个人除了眼睛（），其他都画得很简单，表示睡梦中好像看见了东西。金文（）和小篆（）下面都加了"夕"，表示夜晚做梦。"梦"本义是睡眠中的幻象——做梦。

《演变过程》

甲骨文　　金文　　小篆　　隶书　　楷书　　楷书

《知识扩展》

黄粱一梦

　　唐朝开元年间，有一个卢姓书生进京赶考，他一心想要考取功名，结果却落了榜。一天，卢生途经一家客栈，在那里他遇见了一个道士，在诉说了自己的遭遇之后，道士给了他一个瓷枕头。

　　卢生倚着枕头进入了梦乡。梦里他封官拜相、娶妻生子，一生享尽荣华富贵，活到80岁时病逝。一觉醒来，卢生转身坐起，一切如旧，道士还坐在旁边，店主人蒸的黄米饭也还在锅里。蒸熟黄米饭大约需要20分钟时间，在20分钟的睡梦里，卢生仿佛经历了人世间的一切。这就是成语黄粱一梦的由来，后来常用来比喻虚幻的、不能实现的梦想。

quán

泉

书写口诀

上窄下宽捺舒展

【秒懂汉字】

　　"泉"字的甲骨文（）、金文（　）和小篆（　），外面像泉眼，中间的点和线像从泉眼中留出的泉水。隶书、楷书完全失去了泉水的形象，由"白"和"水"组成，有泉水清澈、洁白的意思。"泉"本义指山洞中流出的水，后泛指泉水、地下涌出的水。

《演变过程》

| 甲骨文 | 金文 | 小篆 | 隶书 | 楷书 |

《知识扩展》

志士不饮盗泉之水

相传，在山东的泗水县共有87口泉水，东北方向有一口泉水比较特别，因为它曾经被强盗占用过，所以名为"盗泉"。其他的泉水都汇入泗河之中，只有盗泉的泉水不流。

春秋时期，孔子周游列国时刚好路过此地，他感到非常口渴，却坚决不喝盗泉的水。别人觉得十分奇怪，问起缘由时，孔子回答："因为泉水的名字不雅，君子喝'盗泉'的泉水，不合乎礼。"即使是饮水这样的小事，孔子也表现了自己高尚的节操。孔子之后，人们就把不义之财称为"盗泉"，用"志士不饮盗泉之水"表示爱惜名声，坚守贞操。

shì

世

一 十 廿 廿 世

书写口诀　　　横竖均匀有变化

《秒懂汉字》

古时人寿命普遍都短，认为三十年为一世或一代。金文的"世"（丗），由三个"十"（十）组成，就是古代的三十，小篆把小圆点变成了小横，意思没有变。也有说"世"的金文和小篆是"止"和"卅"（三十）的合体，表示走过了三十年。"世"本义是一世，引申为一辈子、时代等。

《演变过程》

| 金文 | 小篆 | 隶书 | 楷书 |

《知识扩展》

绝世佳人李夫人

汉朝有位音乐家名叫李延年。他不仅精通作曲填词，而且擅长编排舞蹈。一天，李延年为汉武帝和平阳公主表演自己的新曲子《佳人曲》："北方有佳人，绝世而独立，一顾倾人城，再顾倾人国，宁不知倾城与倾国，佳人难再得。"汉武帝听完之后怅然若失，他问："世上真的有这样的佳人吗？"还没等李延年开口，平阳公主就回答说："延年的妹妹就是这样的美人！"于是汉武帝召见李氏，眼前的美人身姿曼妙，舞步翩跹，真是位绝世佳人。汉武帝当场下令封李氏为夫人。此后，李夫人一直留在汉武帝身边，受到他的宠爱。

器物建筑篇

sǎn

伞

丿 个 个 伞 伞 伞

人头舒展盖下方

《秒懂汉字》

　　"伞"是"傘"的简化字。"傘"是个后来出现的字，完全是按伞的形象造出来的，即使是简化字也很像伞的形状。"伞"上部的"人"像伞盖面，中间一竖像伞柄，一横像伞辖，四个"人"像伞骨，就是一把完整的伞。"伞"本义是遮阳挡雨的用具，又指像伞一样的东西。

《演变过程》

隶书　　　楷书　　　简化字

《知识扩展》

鲁班造伞

　　伞与人们的生活息息相关，它可以遮阳、蔽雨。你知道伞是谁发明的吗？

　　古代有个有名的能工巧匠名叫鲁班。有一天，鲁班去湖边游玩。忽然天空中下起了大雨，游人被淋成了落汤鸡。鲁班心想，要是在湖边盖几个小亭子，人们看风景就不怕日晒雨淋了。可是坐在小亭子里，只能看见附近的景色，能不能造一个可以移动的亭子呢？鲁班心里有了主意。回家之后，他仿照凉亭的盖子，用布做成伞面，然后又用竹条扎了个架子，最后，再把伞面蒙在架子上。就这样，历史上第一把雨伞诞生了。

dāo

刀

书写口诀

折稍倾斜带弧度

《秒懂汉字》

　　"刀"的甲骨文（𝄢）和金文（𝄢）就像一把有柄的刀形，上面是刀柄，下面是刀身。小篆体的"刀"（刀）刀柄弯曲，基本还是刀的样子。隶书、楷书基本笔画化，不再有刀的样子。"刀"本义是一种工具和兵器，又指古代的一种刀形货币，引申为像刀一样的东西。

《演变过程》

甲骨文　　金文　　小篆　　隶书　　楷书

《知识扩展》

关羽单刀赴会

　　三国时期，蜀国取得了原本属于东吴的荆湘九郡。吴国百般不甘心，于是吴国大臣鲁肃邀请镇守荆州的关羽到东吴赴宴，想用计要回荆州。关羽明知山有虎，偏向虎山行，他带着部下周仓，手提青龙偃月刀过江赴宴。

　　席间，鲁肃只要一提荆州的事，关羽就以不谈国事为由搪塞了过去。酒席过半。关羽假装自己醉了，他按住鲁肃的手说："我今儿已是喝多了，荆州的事莫要再提，否则我这刀可要伤了您。改日邀您到荆州，我们再行商议！"鲁肃挣脱不得，被关羽挟持着一直同行到江边，周围埋伏的吴国士兵不敢轻举妄动。等鲁肃回过神来，关羽和周仓早已渡江而去。

wǒ

我

一 ノ 二 千 千 我 我 我

书写口诀

左收右放斜钩长

《秒懂汉字》

　　"我"字是一个人称词，在现代汉语里表示自己。但是甲骨文的"我"（），看上去像一把有长柄和三个齿的兵器，到金文、小篆，逐渐不太像兵器形象了。"我"本义就是指古代一种兵器，后来这种兵器慢慢消失，也就不表示兵器了，而是表示自己，为第一人称代词。

《演变过程》

我　我　我　我　我

甲骨文　　金文　　小篆　　隶书　　楷书

《知识扩展》

卿卿我我

人们常用"卿卿我我"形容夫妻之间十分亲昵。你知道这个词是怎么来的吗？

魏晋时期有个人名叫王戎，他的夫人总是叫他为"卿"。在古代"卿"是用来称呼比自己地位低的人的，比如皇帝会叫大臣"爱卿"。在封建的男尊女卑时代，只有丈夫才可以称妻子为"卿"。于是王戎说："你这样叫我，不合礼法，还是改改口吧！"

王戎这么一说，妻子不高兴了："因为我们感情好，我才叫你卿卿啊，你怎能因此而怪我呢？"一番话说得王戎无言以对，自此以后就听任妻子这么叫下去了。

边框垂直口偏上

《秒懂汉字》

　　"问"是"問"的简化字。串门的时候，门外的人敲门，张口问主人是否在家，门内的人张口问是谁。甲骨文的"问"（）字，就由"門"（ ）和"口"（ ）构成，意思是隔着门说话。从金文到楷书构字方式没有变化。"问"本义是发问、询问，引申为问候、干预、审讯等。

《演变过程》

唱 問 問 問 問 问

| 甲骨文 | 金文 | 小篆 | 隶书 | 楷书 | 简化字 |

《知识扩展》

问鼎

　　传说上古时期，禹铸造了九鼎，后来鼎一直被视为国家和权力的象征。到了春秋时，周王室成了鼎的合法持有者。

　　当时除了周王室，还有一些分封的势力，楚国就是其中一支。有一次，楚庄王将大军开到了周天子的辖地附近，周天子连忙派人前去慰问。楚庄王见了使臣问道："周天子的鼎有多大？有多重？"他的言外之意就是要与周天子比拼实力，意欲夺取周朝天下。没想到使臣巧妙地回答："周王室虽然实力不比从前，但仍是天下之主。宝鼎的轻重，还不能过问。"于是，楚庄王放弃了争权的念头。"问鼎"一词便从此而来，指企图夺取政权，也指在某方面取胜。

yī

衣

丶　亠　亠　衣　衣　衣

书写口诀

横短竖直　捺不落地

《秒懂汉字》

　　"衣"的甲骨文（）像古人上衣形状，上部的"人"是衣领，下部的"ν"是两片交叉的衣襟，衣领和衣襟之间的开口是衣袖。金文、小篆稍有变化，隶书、楷书已经失去了衣服的样子。古时上衣为"衣"，下衣为"裳"，"衣"本义是上衣，泛指衣服，引申为包在物体外面的一层东西。

| 甲骨文 | 金文 | 小篆 | 隶书 | 楷书 |

【知识扩展】

衣冠禽兽

现在人们常用"衣冠禽兽"比喻道德败坏、行为卑劣的人。其实这个成语原本是一个褒义词，来源于明代官员的服饰。据史料记载，明朝规定，文官官服绣禽，武官官服绘兽。官品不同，所绣的禽和兽也不同。

文官的衣服上绣的都是禽类，例如一品文官绣的是皮毛纯白的仙鹤，象征清正廉洁；二品文官绣的是锦鸡，在古人心中是君子的楷模。而武官的衣服上绣的则是猛兽，一、二品武将绣的是狮子；三品武将绣的是老虎。明朝中晚期以后，宦官专权，文官武将无恶不作，老百姓对当官的人深恶痛绝，于是"衣冠禽兽"一词才有了贬义。

zhēn

真

一 十 十 古 古 查 直 直 直 真

横画密而匀

《秒懂汉字》

金文的"真"（）字，由"尸""◉"和"兀"构成，"尸"表示人，"◉"表示眼睛，"兀"表示仙人登天所乘之座，合起来就是亲眼看到成仙的人升天了。小篆构字部件不变，隶书、楷书笔画化，已经看不出构字部件。"真"本义是天性、本性，引申为真诚、真实、确切等。

金文　　小篆　　隶书　　楷书

《知识扩展》

庐山真面目

中国地大物博，名山大川繁多。位于江西省九江市境内的庐山是座历史文化名山，许多诗人曾登上这座山，留下了脍炙人口的诗篇。

有一次，宋朝大诗人苏轼和朋友一道去爬庐山，爬山途中，苏轼流连于美丽的风景。眼前的庐山峰峦起伏，横着看是连绵的山峰，侧着看是孤立的山尖。随着脚步的变换和视角的变化，苏轼眼中看到的景色也大不相同。苏轼自己也不知道庐山到底长什么样了，他这才恍然大悟：因为身在庐山之中，视线被山峰阻隔，只能看到庐山的局部。思考问题也是一样，只有从多个角度去思考，才能对问题有更深入的理解。

wǎng

网

丨 冂 冈 冈 网 网

书写口诀

方框正　两叉齐

《秒懂汉字》

　　"网"是"網"的简化字，简化字更接近于早期的金文和小篆。甲骨文的"网"（）字像左右两边各一根木杆，中间挂一面网，用来捕鸟兽鱼虾。金文和小篆的"网"变化不大，隶书中增加的"纟"（）表示用线织网，"亡"表示网住不让逃走。"网"本义是渔猎的工具。

| 甲骨文 | 金文 | 小篆 | 隶书 | 楷书 | 简化字 |

《知识扩展》

网开一面

　　商朝的部落首领商汤有一次外出，他看到一个人在野外张网打猎，还祈祷说："四面八方的鸟兽都到我的网里来吧。"商汤很怕这样会把鸟兽们赶尽杀绝，于是他拆掉三面的网，小声念叨说："鸟儿啊，你们想往左飞就左飞，想往右飞就右飞，剩下那些命该绝的，就到网里来吧！"诸侯听说了这件事后都认为，商汤对小动物都如此仁慈，一定是位勤政爱民的国君。

　　"网开三面"便从此而来，后来人们改为"网开一面"，比喻采取宽大的态度，给人一条活路。

chéng

左收右放斜钩长

《秒懂汉字》

　　古人订立约定的时候，有斩物为誓的习俗。甲骨文的"成"（🎋）字，左下的"丨"类似一个柱状物体，右边的"🎋"是一把长柄大斧，意思是以斧头斩物，表示达成约定，结成同盟。甲骨文到楷书，造字原理未变。"成"字本义是完成、成功，引申为成果、成为、已经完成。

《演变过程》

甲骨文　　　金文　　　小篆　　　隶书　　　楷书

《知识扩展》

七步成诗

三国时期，曹操的众多儿子里有一个叫曹丕，一个叫曹植。曹植虽然年纪小，但是才华横溢，深得父亲喜爱。曹操一直在犹豫到底立谁为太子，时间一长，下属间渐渐形成了敌对的两个政权集团。

后来，曹丕当上了皇帝，他怕曹植威胁自己的皇位，想置曹植于死地。有一次，他命曹植在七步之内写成一首诗，否则就把他处死。曹植思索一番，写了一首《七步诗》。他把自己比作豆子，把曹丕比作豆秸。豆秸在下面燃烧，煎煮锅内的豆子，曹植借此隐喻兄弟互相残杀。

曹丕听到这首诗后，内心深处最柔软的地方被触动了，他打消了杀死曹植的念头。

yī

医

一 厂 に 区 医 医 医

书写口诀

"矢"不外露　下横稍长

《秒懂汉字》

　　"医"是"醫"的简化字。"医"的甲骨文为"𦥯"，右边"殳"像一个人在拔箭，左边"医"像把取出的箭（矢）放在容器里（匚）。金文变化不大。小篆加了一个"酉"，是酒的意思，表示用酒类治疗箭伤。"医"本义是医治，引申指医生、医学等。

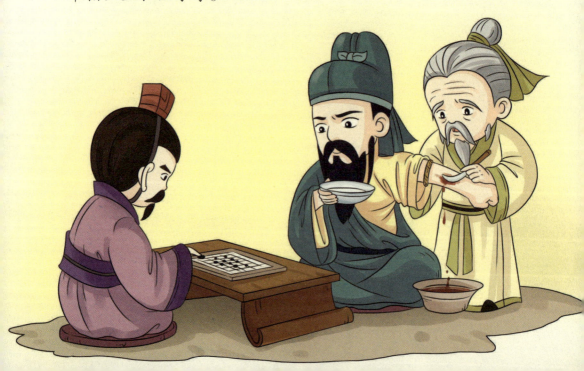

| 甲骨文 | 金文 | 小篆 | 隶书 | 楷书 | 简化字 |

《知识扩展》

蔡桓公讳疾忌医

　　战国时期有位名医扁鹊，有一次他去进见蔡桓公。见到蔡桓公时，对方脸色不是很好，凭借多年的行医经验，扁鹊判断他的身体有点毛病。但是蔡桓公并不理会，还对手下的人说："做医生的就是喜欢把没病的人当有病的来治，然后说是自己的功劳！"扁鹊第二次见到他时，桓公的病情加重了，可是他仍然听不进扁鹊的劝告。等到第三次见到他时，桓公已经病得非常严重，扁鹊都无能为力了。果然没过多久，蔡桓公就病死了。

　　后人把蔡桓公的这种行为称为"讳疾忌医"，比喻掩饰缺点和错误，不愿改正。

书写口诀

首横要短　竖撇中央穿

　　甲骨文的"更"（），上部是"丙"（），是古代安放锅盆的底座，下面可以生火；下部"" 是人拿着木棍一样的东西，像在拨弄炉灶里的火，让火燃烧得更旺盛。金文、小篆造字方式不变。"更"本义是改变，引申为经历，又可作古时夜间计时单位，读 gèng 时，有再、又、越发的意思。

| 甲骨文 | 金文 | 小篆 | 隶书 | 楷书 |

《知识扩展》

打更人怎么消失了？

古人的时间单位与现代人不同。他们把一夜分为五个时辰，一个时辰称为一"更"，一更为现今的两个小时。一夜共有"五更"，一更是19点至21点，以此类推，五更便是凌晨3点至5点。

古人白天可以通过太阳的位置判断时间。到了夜间失去日光的参考，更夫这种提供报时服务的职业便应运而生。因为工作要求，更夫们需要彻夜守着计时工具"滴漏"，用梆子或者锣每隔一个时辰敲一次，有时候还会说一些"天干物燥，小心火烛"的提示语。到了民国时期，由于钟表逐渐被广泛使用，人们不再需要更夫报时，这个行业也就慢慢没落了。

chuāng

窗

| 丶 | 丷 | 宀 | 宀 | 宀 | 宀 | 宀 | 㝉 | 宛 | 窗 | 窗 |

头宽框正　夕字出头

《秒懂汉字》

　　古人为了引进光线，改善室内的照明，就在屋顶上开天窗。小篆的"窗"（）字，上部是"穴"（宀），表示房屋的屋顶，下部是"囟"（ ），就是天窗，"囟"是"窗"的古字。隶书、楷书构字方式不变。"窗"的本义是天窗，后指窗户。"囟"就指烟囱，不再有窗的意思。

【演变过程】

小篆　　　　隶书　　　　楷书

【知识扩展】

窗边的鸡笼

晋朝有个叫宋处宗的人，学问很好，就是有点儿口吃。他曾多次想方设法矫正，但都没有成功。

后来有人告诉宋处宗，有一种能学人说话的长鸣鸡，如果经常和它聊天，就能纠正口吃。于是，他托人买了一只，把它养在精致的鸡笼里，挂在窗前。之后，宋处宗就开始教鸡说话。一段时间之后，他说话变得流利了许多。宋处宗高兴极了，同时继续坚持和鸡聊天。一天，宋处宗的朋友来看他，看到他正在窗前对着鸡讲话，不由得十分惊奇。朋友把这件稀奇事告诉其他人，人们这才惊讶地发现宋处宗不再口吃了。

古人的智慧超乎我们的想象，看来只要勤奋刻苦，人人都能拥有好口才！

biǎn

扁

丶　亠　户　户　启　启　扁　扁

书写口诀

头小撇长身子胖

《秒懂汉字》

金文的"扁"（），左边是"户"（），指单扇的门，有门户的意思；右边是"册"（），指穿起来的竹简。匾上写字跟竹简写字类似，"扁"本义就是门户上题了字的匾。由于匾大多用宽薄的木板制作，"扁"就引申为物体平而薄，"扁"本义就用"匾"代替了。

《演变过程》

金文　　　小篆　　　隶书　　　楷书

《知识扩展》

扁担也能跳舞

　　壮族人能歌善舞，广西壮族一带的民间便流传着一种扁担舞。每年春节期间，身着鲜艳服饰的壮族妇女们都会加入一场盛大的舞蹈表演。在村前的晒谷场上，舞蹈团队每人手拿一根扁担，他们相对而站，或站或蹲，或转身或跳跃，上下左右有节奏地相互敲击。舞者们一边打一边唱一边舞，场面蔚为壮观。

　　据说唐朝时已经有了扁担舞，流传至今已有数千年历史。壮族人以这种原生态的方式祈求风调雨顺、国泰民安。现在，"壮族打扁担"已入选广西第二批非物质文化遗产名录，扁担舞的文化还将继续传承下去。

zhàn
战

丨 卜 卜 占 占 占 战 战 战

书写口诀

左低右高斜钩长

《秒懂汉字》

　　"战"是"戰"的简化字。"戰"是形声字，金文的"戰"字右边是"戈"（弋），是我国古代的一种兵器，表示与打仗有关系，在字中是形符，左边是"单"（單），读dān，在字中是声符。简化字中"占"是声符。"战"本义是打仗，引申为武装斗争、争胜负，还有颤抖的意思。

金文　　　　小篆　　　　隶书　　　　楷书　　　　楷书

《知识扩展》

史无前例的大战：涿鹿之战

5000多年前，在涿鹿这个地方发生了有史以来最为浩大的一场大战。战争双方是以黄帝、炎帝为核心的炎黄部落联盟和蚩尤领导的东夷部落联盟，史称"涿鹿之战"。

当时，炎黄部落和蚩尤部落为了争夺适合耕种的土地，经常发生矛盾和冲突。蚩尤部落骁勇善战、武器精良，战争的一开始，黄帝部落屡战屡败。后来，传说天上的神仙也加入了这场战争，在九天玄女的帮助下，黄帝趁机向蚩尤发动反攻，双方的最后一场大战以蚩尤部落的失败而告终。

qiē

切

一 七 切 切

书写口诀

左高右低撇穿插

【秒懂汉字】

　　说"切"字就得先讲"七"字，"七"是"切"原来的字。"七"本义是把物体从中间切断，后来用作数字，本义就用汉字"切"来代替。小篆的切写作"切"，左边是"七"（七），右边是"刀"（刀），表示用刀切断，本义就是切断，引申为断开、隔断之意，读qiè时，引申的意思更多。

切 切 切

小篆　　　　隶书　　　　楷书

中医四诊：望闻问切

中医是我国的传统医学。与西医依靠各式精密仪器不同，古时的中医诊病多凭医生多年经验。中医诊病主要靠四种手法：望闻问切。所谓"望"就是看病人的脸色如何；"闻"就是听病人的声音、嗅他们身上的味道；"问"就是问病人病情，了解他们的感受；"切"就是切脉，也称为把脉。切脉是中医独创的诊断方法，中医的手就相当于是西医中的听诊器，在安静的环境中，医生像抚琴一样用手触摸病人的脉搏，从而感受病人的脉象是动是静是急是缓。经过望闻问切的步骤，中医就能判断出病症和病理，从而对症下药。

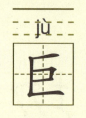

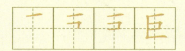

书写口诀

横画等距　下横稍长

《秒懂汉字》

　　"巨"本义是木工用来画或者测方形的工具，叫矩尺，所以"巨"就是"矩"的本字。金文的"巨"，像一个人（大）拿着矩尺（巨）的样子，小篆直接把人去掉，就剩一个矩尺（巨）了。"巨"本义是矩尺，后被借用指大、最、极等意思，矩尺的意思就由"矩"来表示了。

《演变过程》

| 甲骨文 | 金文 | 小篆 | 隶书 | 楷书 |

《知识扩展》

巨阙宝剑

古代有一个非常厉害的铸剑大师，名叫欧冶子。他曾铸造了许多名剑，"巨阙"就是其中之一。

传说欧冶子铸成巨阙剑后将他献给越王勾践。此时宫中恰好发生了骚乱。一辆失控的马车在宫中横冲直撞，说时迟那时快，越王勾践拔出宝剑，指向马车，宝剑刚一出鞘，剑气瞬间把马车劈成了两截，车厢已然坠落在地。

见此情景，越王勾践又命人取来了一个大铁锅，他用剑轻轻一刺，只听"铠"的一声，铁锅出现了一个碗大的缺口。勾践觉得这是一把削铁如泥的宝剑，于是便给他取名为"巨阙"，"阙"在这里是缺口的意思。

shí

食

丿 人 冇 今 今 今 食 食 食

书写口诀

燕不双飞"人"舒展

《秒懂汉字》

甲骨文的"食"（）字，下部是""，像一个装食物的食器，里面装满了丰盛的食物；上部是"△"，像食器的盖子。金文把食器的底座变尖，小篆更趋向于字而非图，失去了食器的原形。"食"字的本义是吃的东西，引申为吃，还特指日月亏蚀的现象——日食和月食。

甲骨文　　金文　　小篆　　隶书　　楷书

《知识扩展》

北人食菱

从前有个北方人到南方做官，当地人准备了一盘菱角请他品尝。菱角是南方特有的东西，北方人从没见过，也不知道怎么吃，但他不愿说出来。他壳也不剥，就直接把菱角放进嘴里嚼。

有人对他说："吃菱角要先把壳剥掉，壳是不能吃的。"这人却死要面子地说："我当然知道要剥壳，可我这样吃可以清热解毒。"人们又问："北方也有菱角吗？"他自豪地回答："我们家那儿漫山遍野都是菱角树呢！"

其实菱角是生长在水里的作物，他明明不懂却偏要装懂。所以说，一个人犯错不可笑，可笑的是用谎言来掩盖错误。

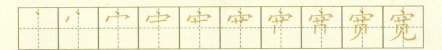

kuān

宽

丶 宀 宀 宁 宇 宇 宵 宵 宽 宽

上紧下松弯钩展

《秒懂汉字》

　　"宽"是"寬"的简化字。小篆的"寬"字，上部是"宀"（宀），表示房屋，下部是"莧"（莧），意思是细角山羊。细角山羊喜欢宽阔的山野，所以能装细角山羊的房子是很宽大的。"宽"本义就是房屋宽敞，现多指横向距离大，是"窄"的反义词，引申为度量大、不严厉、富余。

《演变过程》

小篆　　　隶书　　　楷书　　　简化字

《知识扩展》

宽容的秦穆公

春秋时期的秦穆公是个宽厚仁爱的人。有一次，他的几匹骏马走失，到处打听才知道，原来有三百个人偷了他的马，已经烤成了马肉。

秦穆公的手下抓捕了盗马的人，想将他们依法严办，那些人得知马的主人之后吓得魂不附体。没想到秦穆公说："明君绝不会因为畜生而杀人，我听说吃马肉时不喝酒，会伤身体。"说完，他让手下送了许多酒给盗马的人，这件事情就这么了了。

后来，秦穆公攻打晋国，被晋军围困，脱不了身。那三百人得到消息后，纷纷赶来拼死相救，来报答秦穆公曾经的恩德。最终秦穆公得以脱困，班师回国。

dài

带

一 十 卅 卅 世 世 带 带 带 带

书写口诀

上下对齐　　左右对称

《秒懂汉字》

　　"带"是"带"的简化字。金文的"带"（  ），像古人腰间系的有花纹的带子，小篆（帶）变形很大，下面加了两个"巾"字相叠（帯），有佩巾的意思。隶书、楷书逐渐笔画化，与小篆体相差不大。"带"字本义是腰带，泛指带子或像带子一样的东西，引申为携带、率领。

【演变过程】

金文　　　　小篆　　　　隶书　　　　楷书

【知识扩展】

梨花带雨

　　梨树在我国有2000多年的栽培史，它的花色洁白，如同雪花般清新淡雅。春天是梨花盛开的时节，此时的梨花散发着淡淡的香味。每逢这个季节，古人也喜欢到梨花树下欢聚，饮酒赏花。若是落一场春雨，细雨微朦中的梨花，更加楚楚动人，令人心生怜爱。

　　唐朝大诗人白居易在《长恨歌》里写了李隆基和杨贵妃的爱情故事，他比杨贵妃晚出生几十年，没有见过贵妃，却用"梨花一枝春带雨"形容贵妃泣下如雨。他想象，绝世的美人哭泣时应该就像微雨落梨花一样充满了哀愁。后来，这个词语就被沿用下来，形容女子哭泣时的娇美。

shì

市

丶 亠 声 市 市

书写口诀

点对竖　悬针直

《秒懂汉字》

　　金文的"市"（𡴀），上面是"之"（𡳴），有往什么地方去的意思，下面是"兮"（丂），"兮"是古代的语气词，表示人们做买卖时高声叫卖。小篆（𪊽）变化很大，表示有人（𠂆）从店铺门口（冂）进进出出（𡳴）。"市"本义是做买卖的交易场所，也指交易、买卖，也作行政区划分。

《演变过程》

金文　　　小篆　　　隶书　　　楷书

《知识扩展》

海市蜃楼

海市蜃楼的"蜃"指海里的大蛤蜊，古人传说蜃能吐气形成楼台景观，叫蜃楼，也叫海市。北宋科学家沈括在《梦溪笔谈》中提到过一次"海市"。宋朝时，登州地区的海面上出现一座宫殿，宫殿里人物、车马都清晰可见。当时有人认为这是蜃吐气形成的，沈括并不认同这种说法。

现代科学家认为，海市蜃楼实际上是光线穿过大气层时，由于折射而形成的奇幻景象。当光线进入我们的眼睛，我们就看到了原本不存在的景物，这样的奇景一般出现在海边或沙漠地带。现在人们常用这个成语比喻虚幻的事物。

yǐn

引

乛 弓 弓 引

书写口诀

"弓"瘦长 竖莫远

《秒懂汉字》

　　甲骨文的"引"（弓）字，像一张大弓，弓背上一小画（一）表示引弓的地方。金文的"引"弓形稍有变化，其他变化不大。小篆把一小画变成了独立的一竖画，表示弓弦要拉到的位置。"引"的本义是拉开弓，引申义很多，常见的是牵、拉、带领、引导等意思。

甲骨文　　金文　　小篆　　隶书　　楷书

《知识扩展》

塞下曲

[唐]卢纶

林暗草惊风，将军夜引弓。

平明寻白羽，没在石棱中。

西汉时期有一个将军名叫李广，他骁勇善战，一直奋战在对抗匈奴的一线，匈奴人称这个令人闻风丧胆的对手为"飞将军"。

李广也是历史上赫赫有名的神箭手。有一次，他外出打猎，只见树林深处风吹草动，李广误以为那里伏着一只猛虎，便使出浑身的力气，拉开弓射了一箭，箭头"蹭"的一下飞了出去，深深地陷在石头里。李广走近一看才发现，原来那只是块石头。

zú

族

书写口诀

左窄右宽　右边紧凑

《秒懂汉字》

甲骨文的“族”（），左上部“”是旗子在旗杆上飘，右下部“”表示箭，合起来指用旗帜召集族人，以箭杀敌或保卫族群。金文变化不大，小篆由“㫃”（读yǎn）和“矢”构成。古时同一个家庭或氏族就是一个战斗单位，所以“族”本义是家族、氏族，引申为有某些共同属性的一大类。

《演变过程》

| 甲骨文 | 金文 | 小篆 | 隶书 | 楷书 |

《知识扩展》

九族

中国是一个重视血脉亲情的国家，人们用"九族"泛指亲属，代表长幼尊卑秩序和家族血统的延续关系。不过九族指的是什么，历来说法不一。

古代的儿童启蒙书《三字经》里这样解释："高曾祖，父而身。身而子，子而孙。自子孙，至玄曾。乃九族，人之伦。"也就是说，九族指的是——高祖、曾祖、祖父、父亲、自己、子、孙、曾孙、玄孙九代。

当然，还有一些人认为九族还包括了母亲的亲属。我们不必把概念背得滚瓜烂熟，只需要感恩祖先和父母给了我们生命，然后把他们的美好品格一代代地传承下去，这大概就是"九族"的意义吧。

zhōu

舟

书写口诀

字形瘦　横居中

《秒懂汉字》

　　"舟"的甲骨文（ ）和金文（ ）都像一条小船的样子，方头方尾，尾巴翘起，中间还有船舱的横梁。金文上部的尾巴像船舵或者桨。小篆竖起来，逐渐有现代汉字的样子。古人把大的木头中间掏空就变成了独木舟，"舟"的本义就是船。

《演变过程》

甲骨文　　金文　　小篆　　隶书　　楷书

《知识扩展》

为什么端午节要赛龙舟？

赛龙舟是端午节的重要习俗之一，已被列入我国非物质文化遗产名录。你知道赛龙舟的传统从何而来吗？

春秋时期楚国有个叫屈原的大臣，他对国家忠心耿耿，然而楚王听信奸臣的谗言，将屈原流放到偏远的地方。后来，楚国被秦国打败，国都被攻破，听到消息的屈原十分绝望，他选择在五月初五这天，跳入汨罗江，以身殉国。

屈原死后，楚国人痛哭流涕。渔夫们害怕江里的鱼虾啃食屈原的真身，便划起船只，到处寻找，可最终徒劳而返。千百年过去了，人们没有忘记屈原的故事，他们以赛龙舟的方式铭记这位爱国诗人。

wáng

亡

丶　一　亡

书写口诀　　点竖不相对　　两横末尾不对齐

《秒懂汉字》

　　"亡"字字理说法不一。甲骨文的"亡"（）字，有说是刀刃（）前端加一小竖（丨），表示刀头断了，有失去的意思；也有说一个人（丫）跳进一个凹下去的土坑（乚），表示人隐藏的地方，有逃亡的意思。这两个意思都是现代汉语"亡"的基本用法，还引申为灭亡、死去。

甲骨文　　金文　　小篆　　隶书　　楷书

【知识扩展】

亡国之音《玉树后庭花》

南朝的最后一个皇帝是陈叔宝，也被称为陈后主。他在位期间，不理朝政，却喜欢诗词歌赋。陈后主的众多妃子中最有名的是张丽华，史书记载，张丽华容貌端庄秀丽，步态娴雅，绝顶聪明，深得陈后主的宠爱。陈后主曾特意为张丽华创作了一首曲子《玉树后庭花》，然后挑选最好的乐工演奏，美丽的宫女伴舞。在莺歌燕舞中，他们整日过着花天酒地的生活。

后来，隋朝的军队打了进来，慌慌张张的陈后主和妃子们躲藏到了一口枯井里，南朝就此灭亡，陈后主创作的《玉树后庭花》也成了亡国之音的代表。

qù

去

十 十 土 去 去

中横拉长下方小

【秒懂汉字】

　　甲骨文的"去"（），上部是"大"（），是一个人的形象，下部是"口"（），表示古时居住的洞穴口（门口），合起来就是离开洞口（或门口）的意思。金文变化不大，小篆的"口"字开口（），表示人已经离开了。"去"本义是离开，引申为除去、距离，还可表示过去的。

| 甲骨文 | 金文 | 小篆 | 隶书 | 楷书 |

《知识扩展》

霍去病

古代的医疗水平比较落后，一场大病也许就能夺走人的生命。长辈希望孩子们身体康健，百病不侵，他们把这样的期许也寄托在了名字之中。

相传西汉大将军霍去病的名字是汉武帝刘彻御赐的。有一次汉武帝卧病在床，恍惚间他听到了婴儿的啼哭声，这一哭，吓得他一激灵，没想到病症反而不治而愈。于是汉武帝给孩子赐名"霍去病"。到了宋朝，辛弃疾的祖父对霍去病崇拜有加，他希望自己的孙子也能像霍去病一样成为统领三军的将领，为国建功立业，于是给孙子取名为"弃疾"。

盖头小　横拉长

《秒懂汉字》

　　甲骨文的"安"（），外面的"∩"表示房子，里面的"♀"是一位跪坐着，双手交于胸前的女子。远古时代，野外毒蛇猛兽多，女子在外面很危险，躲在屋子里就相对安全一些，所以"安"本义是安全、平安，引申为安置、安装、安定的意思。

《演变过程》

甲骨文　　金文　　小篆　　隶书　　楷书

《知识扩展》

史上第一个"花样美男"潘安

人们形容高颜值的男子时经常会说"貌比潘安"，潘安是古代第一美男子，他不仅容貌出众，而且才华横溢、文采斐然，是魏晋文学的标杆人物。

这样的一位才子，自然是年纪轻轻就出人头地。可惜优秀的潘安遭到了其他大臣的忌惮，他被排挤出朝廷，一直郁郁不得志，很久之后才重新被起用。回归官场后，他在河南一个小地方当县令，在那里，他种了许多桃树，时间一久便蔚然成林。天气晴好的时候，潘安会亲自挽着母亲到桃林中赏花游乐，当地的百姓都称他为"河阳一县花"或是"花县"。潘安也成了古代第一个"花样美男"。

bù

布

一 ナ オ 右 布

书写口诀　横撇前端连　"巾"字中竖直

《秒懂汉字》

　　甲骨文的"布"（ ），左边是"巾"（），表示布的形状像巾；右边是"父"（），古时父亲是一家之主，表示布是制作衣服的主要材料。金文、小篆构字部件不变，隶书楷书中"父"完全失形。"布"本义是麻葛织品，现指可以作衣服的棉麻织物，还有分散、布置、宣告等意思。

甲骨文　　金文　　小篆　　隶书　　楷书

布衣皇帝刘邦

汉高祖刘邦在当皇帝之前是一个小官。有一次，他押送劳役去给秦始皇修坟墓。路上一直有人在逃跑，刘邦心想，估计到了目的地人都跑完了，索性把他们都放了，有些不愿意走的就跟着他一起闯荡江湖。

有一次，一条巨大的白蛇挡住了行军的道路。刘邦挥剑把它斩成了两段。后来有人看到一位哭泣的老婆婆，她说她和白帝的儿子化作了一条蛇，如今被赤帝的儿子杀了。刘邦的身份就此被蒙上了传奇的色彩。

后来，刘邦当上了皇帝，他说："吾以布衣提三尺剑取天下，此非天命乎？"言谈之间，也是在为以老百姓的身份夺取了天下而自鸣得意。

gōng

弓

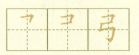

上紧下松横画匀

【秒懂汉字】

甲骨文的"弓"（𣏔）字，像一把张了弦的弓，有弓弦和弓背，顶上的小斜线（一）表示弓梢。金文（弓）省去了弓弦，只剩下弯曲的弓背了。小篆到楷书已经看不出弓的形状。"弓"本义是一种射箭的工具，是古代远攻的武器，泛指像弓一样的用具，还有弯曲之意。

甲骨文　　　金文　　　小篆　　　隶书　　　楷书

《知识扩展》

惊弓之鸟

　　战国时，有一个叫更赢的射箭手。有一天，他与魏王站在高台上，一只鸟忽然从空中飞过，他对魏王说："大王，我不需用箭就能把天上的鸟儿射下来。"

　　说完，他左手拉弓，右手搭箭，轻轻拉了一下弦，大雁就从空中掉了下来。魏王大吃一惊，忙问道："你是怎么做到的？"更赢回答："这只大雁不仅飞得慢，而且叫声哀伤，应该是受过箭伤。当听到弓弦声响后，它害怕再次被箭射中，就拼命往高处飞。一使劲儿，旧伤复发，这才从空中跌落了下来。"

　　成语"惊弓之鸟"便由此而来，比喻受过惊吓的人遇到类似的情况就十分害怕。

140

hài

害

书写口诀

点对竖　横均匀

《秒懂汉字》

　　金文的"害"（），"宀"（∩）表示房屋，有家的意思，"口"（廿）跟说话有关系，"丰"（读jiè，对应金文部分为"丰"）是一种野草的名称，跟"口"一起有乱说话的意思。在家乱说话有可能造成伤害，"害"本义就是伤害，引申为祸害、受损害、有害的，还指心理上产生的不安情绪。

金文　　　小篆　　　隶书　　　楷书

【知识扩展】

周处除三害

三国时期有个人名叫周处，他少年时是当地的"城南一霸"。周处家乡的河里有蛟龙，山中有猛虎，乡里人把蛟龙、猛虎和周处合称为"三害"，而周处是其中最厉害的。

后来，有人劝说周处去斩杀猛虎和蛟龙，周处先打死了猛虎，又跳入水中杀蛟龙。由于周处一直都没有浮出水面，乡里人都以为周处死了，高兴得敲锣打鼓。周处杀死蛟龙回到岸上之后才知道原来自己就是第三害，于是他决定改过自新。他找到了当时两位有德行的兄弟陆机和陆云，向他们请教学习。后来周处建功立业，终成一代忠臣良将。

shì

式

一 二 三 式 式

书写口诀

"工"字左伸斜钩长

《秒懂汉字》

　　小篆的"式"（式），右上部分是"弋"（弋），左下部分是"工"（工）。"弋"的本义是木桩，引申为箭的意思，"工"的本义是工具，合起来表示用工具制作大量相同规格的木桩，也有说相同规格的箭。"式"的本义是规格、标准，引申为样式、规格、仪式等。

式　式　式

小篆　　隶书　　楷书

《知识扩展》

了不起的公式

世界上最简洁的公式是"1＋1＝2"，其实，这个连幼儿园小朋友都懂的算式里却蕴含着数学的基本公理，有了它，才有了更多、更复杂的公式。

"1＋1＝2"里蕴含着加法运算，而"＋"这个符号在中世纪才出现。据说，当时的酒商在卖出酒后，会用横线标出酒桶里的存酒，而给桶里另添加酒后，再用竖线条把原来画的横线划掉。于是人们就习惯用"－"表示减少、用"＋"表示增加。

有故事的

汉字

汉字大不同

叁

臧冬冬 著

人民邮电出版社

北京

【目录】

人及人体篇

人及人体篇

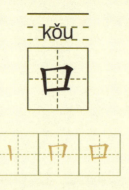

kǒu

口

丨 口 口

书写口诀

字形方　边竖收

《秒懂汉字》

　　口是象形字，从甲骨文到楷书，"口"都是人张开的嘴的样子，由上嘴唇和下嘴唇组成，甲骨文、金文和小篆还能看出嘴角。"口"本义指人的嘴，引申为出入通过的地方，譬如"出口"，还引申为破裂的地方，譬如"伤口"，也可用作量词，作计数单位，譬如"三口人"。

【演变过程】

甲骨文　　　金文　　　小篆　　　隶书　　　楷书

【知识扩展】

李林甫口蜜腹剑

唐朝有个人名叫李林甫，他不学无术，却靠着曲迎奉承爬上了宰相的高位，还一坐就是十九年。李林甫在朝为官时，成天对人笑脸相迎，说起话来嘴巴就像抹了蜜一样甜，可是他暗地里却心怀鬼胎。

为了巩固自己的地位，李林甫不择手段地排挤忠诚良将。时间一长，朝中的人都吃过他的亏，都明白了他是个口蜜腹剑的小人。

李林甫死后，唐玄宗终于幡然醒悟，他下令削了李林甫的官，还抄没他的全部家产，他的子孙也被流放岭南，可谓下场凄惨。

一 丆 开 耵 耵 耳

书写口诀

四横均匀　两竖垂直

《秒懂汉字》

　　甲骨文的"耳"（）形象的画出了一只耳朵的样子，能看到耳廓和耳蜗。金文（ ）还是耳朵的形状，演变到小篆（ ）就跟现代汉字比较接近了。"耳"本义就是耳朵，引申为位置在两旁的物品，或形状像耳朵的物品，古文中"耳"还用作语气助词。

《演变过程》

甲骨文　　　金文　　　小篆　　　隶书　　　楷书

《知识扩展》

掩耳盗的不是"铃"，是"钟"

古时候，有个人在一户范姓人家里发现了一口大钟，他心想，要是能把大钟背回家去多好呀。可是钟巨大无比，他怎么也挪不动。突然，那个人灵光一现，他决定把钟敲碎，再分别搬回家。

于是，他拿出铁锤抡向大钟，大钟发出了震耳欲聋的响声。他唯恐被别人发现，连忙捂住自己的耳朵，心想这下就没人能听见了吧。那人开始放心大胆地砸起钟来，不一会儿，听到钟声的主人赶来把他捉了个正着。

由于在古时候，钟和铃都是乐器，"掩耳盗钟"也就逐渐演变为"掩耳盗铃"，比喻自己欺骗自己，掩盖显而易见的事实。

shǒu

手

一 二 三 手

书写口诀

平撇短　弯钩稳

《秒懂汉字》

　　金文的"手"（）字像伸出五指的手形，上部是五个张开的手指头，下面是肘腕。小篆（𰀪）变化不大，隶书、楷书已经看不出手形。"手"本义是人的手，引申为拿着、亲手、手段，还指有某种技艺的人，常作偏旁（扌）表示与手或者手的动作有关。

【演变过程】

| 金文 | 小篆 | 隶书 | 楷书 |

【知识扩展】

吕蒙手不释卷

　　三国时期，吴国有一个大将叫吕蒙。他军事才能卓越，可惜读书少，谋略不足。吕蒙的主公孙权劝他多读些书，可吕蒙每次都会以军务繁忙推脱。

　　孙权劝说吕蒙："我作为一国之君，尚且有时间读书，你难道比我还忙吗？再者说来，我只是想让你从书中学些道理而已，又不是让你做老学究！你难道想一辈子做个不通文墨的粗人吗？"

　　这番话说进了吕蒙心坎儿里，他听从了孙权的建议。此后，他经常会捧着《孙子兵法》《史记》用心研读，一刻也舍不得放下。慢慢地，他越来越懂谋兵布阵，后来还当上了大都督，为吴国屡建奇功。

dà

大

一 十 大

书写口诀

中横起笔　撇捺舒展

《秒懂汉字》

　　甲骨文、金文和小篆的"大"字都是一个正面站立的、手脚张开的人形。隶书、楷书也没有偏离这个造字原理。"大"字的造型顶天立地，表现了中国人天大、地大、人也大的气概。"大"字本义就是大人，引申为在某个方面超过常数或比较对象。读dài时，用于大王、大夫等。

【演变过程】

甲骨文　　　金文　　　小篆　　　隶书　　　楷书

【知识扩展】

夜郎自大

西汉时期，中国的西南地区有一个叫夜郎的小国家，那里交通不便，信息闭塞。夜郎国的人在自己的土地上自给自足，自认为夜郎是世界上最富庶的地方，根本不知道汉朝的疆域辽阔、国力强大。

有一次，汉武帝的使者无意中来到了夜郎国，国王问："你们汉朝与我夜郎比，哪个大？"使者忍不住哈哈大笑，夜郎国不足汉朝的十分之一，这样的问题岂不是太可笑了吗？

夜郎国国君就像井底之蛙，只了解自己认知范围内的小世界，没见过更广阔的天空。后来，人们就用"夜郎自大"这个成语，讽刺那些狂妄无知、妄自尊大的人。

tóu

头

书写口诀

两点斜对齐　撇点站得稳

【秒懂汉字】

　　"头"是"頭"的简化字。頭是一个形声字，金文的"頭"，右边是"頁"（页），上部是一个夸大了的脑袋，本义就是头的意思；左边是"豆"（豆），用来表示发音。从小篆到楷书，构字部件没有变化。"头"本义是脑袋，引申为头发、物体的顶端或末端，也可作量词和名词的后缀。

頤　頭　頭　頭　头

金文　　　小篆　　　隶书　　　楷书　　　简化字

头悬梁，锥刺股

　　战国时期洛阳有个名叫苏秦的少年，他家境贫寒，早年跟着鬼谷子学习治国之策，希望有一天出人头地。有一天，苏秦认为自己已经学得差不多了，他便来到秦国游说秦惠王，可对方并没有被他打动，苏秦只好落魄回家。没想到，家里人都没给他好脸色看，苏秦深受打击，他暗暗下决心勤奋苦读，一定要干出一番事业来。

　　读书的时光并不容易，读困了，苏秦就拿出锥子猛扎自己的大腿，剧烈的疼痛驱散了一切睡意，他靠着坚定的意志坚持了下来。几年之后，苏秦的学问越来越好，最终他做了六国的宰相，风光无限。

kě

可

一　丁　百　可　可

书写口诀　　倒三角　　竖挺拔

《秒懂汉字》

　　从甲骨文到楷书，"可"的构字部件就没有发生过变化。甲骨文的"可"（可），形状像一个拐杖（丁）和口（日），表示古时祭天时民众以歌唱赞美上天，乐师以杖击石应和，也有说"可"像一把斧头，字的意思是以唱歌来助劳动，本义都是歌唱，引申为许可、可能、适合等。

【演变过程】

甲骨文　　金文　　小篆　　隶书　　楷书

【知识扩展】

后生可畏

春秋时期，孔子和他的弟子们经常驾车出门游学。有一天，他们在路上看到一个孩子正蹲着堆石头玩儿。石头挡住了车子行进的路，可小孩怎么都不肯让路，还指着地上不服气地问："老人家，您看这是什么？"孔子说："不过是一座由碎石头堆成的城池罢了。"孩子又说："自古以来，都是车子给城让路，哪有城给车子让路的道理？"孔子先是一愣，随即高兴地问，"你叫什么名字，几岁啦？"孩子落落大方地说："我叫项橐（tuó），今年七岁！"孔子十分感慨："这么小的孩子却有如此才气，真是后生可畏！"

nǚ

书写口诀　起笔对准交叉点　中间一横要拉长

《秒懂汉字》

　　甲骨文的"女"（👤）字，像一个双手交叉于腹前，屈膝跪着的妇女的形象。金文变化不大，小篆把字拉直，变成长形，隶书和楷书完全失形。"女"本义是女性，与男性相对，古时特指未出嫁的女子，引申指女儿。

甲骨文　　　金文　　　小篆　　　隶书　　　楷书

【知识扩展】

中国四大女中豪杰

古代女子大多温婉贤淑，在闺阁中做些针线女红。偏有四位奇女子，他们不爱红装爱戎装，被称为四大女中豪杰。这四人分别是：花木兰、穆桂英、樊梨花、梁红玉。花木兰替父从军；穆桂英和十一位女将一起出征西夏；樊梨花和丈夫一起平定西北边患；梁红玉也同丈夫一道投身抗金大业。

虽然这四人的事迹在民间口口相传，不过她们的故事并不都是史实，例如穆桂英就是明代小说《杨家将传》中虚构出来的人物，历史上并不存在。尽管如此，这些女中豪杰的故事曾在男尊女卑的古代激励着无数女性：女子也当敢闯敢拼，巾帼也可不让须眉！

chǐ

尺

乛 コ 尸 尺

头部小　撇捺展

《秒懂汉字》

　　小篆的"尺"（尺）字，就是"尸"（尸）字加一条绳子（乛），表示用绳子来测量横躺着的人。隶书和楷书构字方式不变。古时有从小腿肚到地面的长度为一尺的说法，"尺"本义就是长度单位，泛指像尺一样的东西，还指量长度的用具。

小篆　　　　隶书　　　　楷书

【知识扩展】

六尺巷

清朝康熙年间，宰相张英和吴氏是邻居。有一次，两家都要盖新房，吴家想把自己的地盘圈大一些，可张家不答应，最后两家闹到了县衙里。县老爷犯了难，两家都有钱有势，谁也开罪不起。他有心偏袒相府，但又难下决断，便高呼全凭相爷做主。于是，张家人写了一封信寄到京城，希望张英能给他们撑腰。谁知张英来信回复："一纸书来只为墙，让他三尺又何妨；长城万里今犹在，不见当年秦始皇。"家人接到回信，明白了张英的用意，便主动让出了三尺，吴氏感动之下也让了三尺，三加三得六，这就是安徽省桐城市里著名的六尺巷。

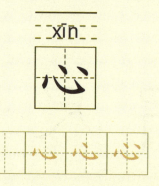

xīn

心

三点呈弧状　卧钩不宜长

【秒懂汉字】

　　甲骨文的"心"（♡），像心脏的轮廓形象，金文、小篆还能看出是心脏形象，隶书和楷书完全失形。"心"本义是心脏。古人曾错误认为心是思维器官，所以"心"有思想、情感的意思。由于心是人最重要的器官，且位于胸腔中部，"心"又有中央、中心的意思。

《演变过程》

| 甲骨文 | 金文 | 小篆 | 隶书 | 楷书 |

《知识扩展》

游子吟

[唐]孟郊

慈母手中线，游子身上衣。

临行密密缝，意恐迟迟归。

谁言寸草心，报得三春晖。

在古代，衣服和鞋子都是一针一线缝出来的。每次孟郊出门前，母亲都会为他准备衣物，她把针脚缝得又细又密，这样，衣服就会结实一些。即使孩子长期在外游学，母亲也不必担心他的衣服破了着了凉。天下的母亲都有爱子之心，就像春天的阳光，润泽着每一个孩子的心田。

书写口诀
一点高悬在中央　两横间距不宜大

《秒懂汉字》

　　"立"的甲骨文（ ⽴ ）和金文（ ⽴ ），上部都是一个正面站立的人，下面的横线表示地面，表示人站立在地面上。小篆拉长两脚变两竖，隶书和楷书把两臂变成了一横，完全失形。"立"字本义是站立，引申为建立、制定、存在等，也有即可、马上的意思。

〖演变过程〗

| 甲骨文 | 金文 | 小篆 | 隶书 | 楷书 |

〖知识扩展〗

程门立雪

北宋有一个大学问家名叫程颐，当时有许多人向他求教理学知识。有一年冬天，杨时和游酢（zuò）专程去洛阳求见程颐。去的时候不凑巧，程颐正在屋里闭目养神。两人不敢吵醒老师，便一直在门外候着。不知什么时候屋外开始下起了雪，雪越下越大，等到程颐醒来的时候，门外已经是白雪皑皑的世界。再一瞧，杨时和游酢脚下的雪已经足足一尺多深了。

他们诚心求学的精神感动了程颐，两人都被程颐收为学生，他们的学问也不断进步，最后都成了有名的大学者，而"程门立雪"的故事也成了广为传颂的佳话。

zhōng

中

丨 中 口 中

扁口内收中竖直

【秒懂汉字】

　　甲骨文的"中"（），像竖立着飘动的旗帜，向右弯曲的四条曲线（〜）是旗帜上的飘带，在古代这种飘带叫"斿"（读yóu或liú）。"口"在"斿"之间，旗杆正中，表示此处为正中。金文"口"的方角变成了圆角，小篆去掉飘带，接近隶书和楷书。"中"本义是中间、正中，引申为内、里，还是中国的简称。

甲骨文　　　金文　　　小篆　　　隶书　　　楷书

《知识扩展》

雪中送炭解君愁

北宋年间，有一次下了漫天大雪，开封城里天寒地冻，滴水成冰。宋太宗赵光义在宫里穿着裘皮袄子，烤着炭火。一阵风吹过，赵光义不禁打了个冷战。他心想："我是天子，穿着最暖和的衣裳，享用着最美味的食物，尚且觉得冬天难熬，城里的老百姓可怎么扛过这场大雪啊？"于是他下令让开封的官员挨家挨户带着木炭去慰问城里的老百姓，再给他们送去保暖的衣服和果腹的食物。

在宋太宗的关照下，穷苦百姓们安稳度过了冬天，他们由衷感谢皇帝的恩德，赵光义"雪中送炭"的故事也就流传了下来。

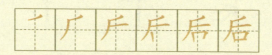

竖撇稍弯口略扁

【秒懂汉字】

　　"后"和"後"是两个字，现合并为一个字"后"。甲骨文的"后"（），左边"人"（亻），右边"口"（𠙵），指人用口发布命令，本义指君主，又指君主妻子。金文为"後"，左边"彳"（彳），表示跟走路有关系，右上"幺"（乡），左下"夂"（夂），指脚被丝一样的东西缠住，不能向前走，本义是落后、迟缓。

存　後　復　後　後　后

甲骨文　　金文　　小篆　　隶书　　楷书　　简化字

【知识扩展】

"走后门" 竟和蔡京有关?

北宋有个奸相名叫蔡京。他当上宰相之后就开始打击元佑年间的政敌,凡是旧党全部受到无辜牵连。当时的艺人对此很不满,他们专门编了一出戏来讽刺蔡京。

戏里先是出现了一个元佑年间的和尚,蔡京立刻下令让他还俗;然后又出现了一个元佑年间的读书人,蔡京下令不予录用。过了一会儿,管家上来小声嘀咕:"大人,今天国库拨下来钱全都是元佑年间铸造的,这些钱咱们到底要还是不要?"蔡京纠结了会儿说:"从后门搬进去吧。"

看戏的人全都笑了起来。此后,"走后门"一词就流传了下来,指通过不正当的手段达到某种个人目的。

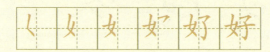

书写口诀 "女"瘦"子"稳才叫"好"

《秒懂汉字》

甲骨文的"好"（），左边是"女"（ ），右边是"子"（ ），像一个妇女跪坐着，胸前抱着婴儿。从金文到楷书，位置稍有变化，造字构件没有变化。"好"本义是有婴儿的妇女，引申为一切美好、向善、值得称许的人或事，读hào时，有喜欢、爱的意思。

《演变过程》

好　好　好　好　好

甲骨文　　金文　　小篆　　隶书　　楷书

《知识扩展》

历史上第一个"好好先生"

"好好先生"指不坚持原则，谁也不愿意得罪的人，然而最初的"好好先生"并不是这个意思。

东汉末年有个隐士名叫司马徽，诸葛亮和庞统正是由他推荐给刘备的。司马徽有个特点：别人跟他说话，不管好事坏事，他全都说好。有一次，有个人不幸死了儿子，告诉司马徽之后，司马徽说："很好。"他的妻子知道后生气地说："别人的儿子死了，人家是敬重你才告诉你的，你怎么能说好呢？"司马徽一点儿也没生气，笑着回答："你的话也很好。"

其实，三国时期社会动荡，司马徽为人低调，这只是他保全自己的一种方式。

bǐ

比

一　㇄　比　比

书写口诀

左小右大　弯钩略展

《秒懂汉字》

　　"比"的甲骨文（㸚）和金文（㫐）都是并排站立的两个人的形象，两个人姿势一致，面一致朝右。小篆体（㸚）形体拉长，还能看出人的形象，隶书、楷书完全笔画化。"比"的本义是靠近、并列或挨着。靠的近才能比较，所以"比"引申为较量、比较、对比的意思。

《演变过程》

甲骨文　　　金文　　　小篆　　　隶书　　　楷书

《知识扩展》

养由基比箭法

春秋时期楚国有两个人，一个叫养由基，一个叫潘党。据说，养由基能四支箭同射，在当时很有名气。可潘党并不服气，他认为自己的箭法天下第一。

有一次，潘党约养由基比试箭法。潘党先来，他走到五十米开外射了一箭，正中靶心，周围的人在拍手叫好的同时也为养由基捏了把汗。轮到养由基时，他找了一棵柳树，然后走到一百米开外，左手拉弓，右手搭箭，只听"嗖"的一下，箭射了出去，射穿了一片杨柳的叶子。潘党心服口服，从此再也不与养由基比箭法，楚国人都说养由基是个"百步穿杨"的神射手。

cóng

从

丿 人 从 从

左低右高　左小右大

《秒懂汉字》

　　"从"是"從"的简化字。"从"的甲骨文是一前一后站立的两个人的形象（），姿势一致，面一致朝左。金文添加了"彳"（彳）和"止"（止），小篆把两者合成了"辵"（辵）放在左边，表示行走，"从"本义是跟随，引申为顺从、追赶、参加，也有次要、从属的意思。

《演变过程》

抄 兟 狮 迷 從 从

| 甲骨文 | 金文 | 小篆 | 隶书 | 楷书 | 简化字 |

《知识扩展》

班超投笔从戎

西汉时期有个人名叫班超，他出生于史学世家。班超年轻时家境贫寒，他靠抄写文书来维持生活。有一次，他正在抄写文件，写到一半忍不住把纸笔丢在一旁叹息说："大丈夫应该像傅介子、张骞那样在边疆立功，怎么能总是干些抄写的琐事呢？"

一旁的人都取笑他，班超却暗暗下定决心投身军旅。后来他在西域待了三十多年，共降服了五十多个国家，为朝廷立下了汗马功劳，因为功勋卓著，他被皇帝封为"定远侯"。"投笔从戎"一词便从此而来，指代文人从军。

chū

出

一　屮　屮　出　出

上下等宽竖居中

《秒懂汉字》

　　古人穴居或半穴居生活。甲骨文的"出"（），上部"止"（ ），像一只脚趾朝上的脚，下部是两端向上弯曲的曲线（ ），指穴居的洞口，表示脚离开洞口出去的意思。金文、小篆造字原理不变。隶书、楷书变成"两山相叠"，失去原形。"出"本义为出去，即由里而外，与"入"相对。

《演变过程》

| 甲骨文 | 金文 | 小篆 | 隶书 | 楷书 |

《知识扩展》

谢安出山

东晋名相谢安年轻时不愿做官，他曾在浙江会稽郡的东山隐居至四十岁，后来朝廷一再请他出山做官，他推辞不得，就在大将军桓温手下做了一个小官。

有一次，有人给桓温送了很多草药，其中有一味草药叫远志，也叫小草。桓温拿着草药问谢安："这种药为什么有两个名字？"

谢安还没来得及回答，桓温的另一个属下郝隆抢了先。郝隆素来是个犀利的人，他答道："在山中叫远志，出山，就只能是小草啦。"谢安一听立马明白郝隆这是在奚落他，魏晋时期的文人崇尚超尘脱俗的隐居生活，认为做官是一件庸俗的事，于是谢安当即羞愧不已。

ZUǑ

左

横短撇长要落地

《秒懂汉字》

　　甲骨文的"左"（ᒋ）像人的左手形状，金文在手下面加了"工"（工），"工"是一种形体像斧头的工具，意思是左手拿工具，有辅助、帮助的意思。小篆到楷书保持了金文的造字思路。"左"本义是左手，引申为方位词，指左手的一方，还有相反、思想激进的意思。

《演变过程》

甲骨文　　　金文　　　小篆　　　隶书　　　楷书

《知识扩展》

羊左之交

春秋时期有个人名叫左伯桃。当时楚王正在招揽贤才，他便赶去投奔。半路上遇到了风雪，于是投宿在羊角哀的家中。休息期间，两人闲聊了起来，这一聊，左伯桃发现羊角哀才学过人，远甚自己，于是邀请他一起去楚国。

结伴同行的路上，风雪越来越大，粮食也所剩无几，如果再一起走，两人都无法活着到楚国。左伯桃思考再三，觉得羊角哀的学问在自己之上，应该成全他。于是，左伯桃把所有食物给了羊角哀，让羊角哀一定要赶到楚国，而他自己则冻死在了桑树下。

羊角哀到了楚国之后成了上卿，他厚葬了左伯桃。后人称他们的友情为"羊左之交"。

横长撇短口靠撇

甲骨文的"右"（ㄓ）像人的右手形状，金文在手下面加了"口"（ㅂ），表示手口并用帮助别人，也有说是长辈对晚辈的扶助，现在这个意思用"佑"来表示。小篆到楷书保持了金文的造字思路。"右"本义是右手，引申为方位词，指右手的一方，还有重要、思想保守的意思。

| 甲骨文 | 金文 | 小篆 | 隶书 | 楷书 |

《知识扩展》

冰山右相杨国忠

唐玄宗在位期间十分宠幸杨贵妃，她的哥哥杨国忠也因此做了右丞相，一时权倾朝野，投靠他的人都尊称他为"泰山"。当时有个叫张彖（tuàn）的博学之士，一直没有机会当官，有人劝他去找杨国忠帮忙，张彖说："你们的泰山，在我眼里不过是座冰山罢了！太阳一照，冰山就融化了，我看你们还有什么依靠！"

后来，安史之乱爆发，安禄山以讨伐杨国忠为借口发动战争。最后，杨氏一族下场凄惨，杨国忠死于乱刀之中，果真应验了张彖的说法，杨国忠就像冰山一样融化殆尽。

běi

北

书写口诀

左高右低弯舒展

《秒懂汉字》

　　甲骨文的"北"（）像两个人背靠背站着，金文也一样，小篆把形体拉长，但还能看出人形。隶书、楷书基本能看出背靠背的造字思路。"北"本义是背离，相背，后用来表示方向——北，还有打败仗的意思。现在"北"的本义用新造形声字"背"来表示。

| 甲骨文 | 金文 | 小篆 | 隶书 | 楷书 |

【知识扩展】

北斗七星定季节

每当晴朗的夜晚，北方的天空中总能看见一个明亮的星座，形状像古代装酒的勺，它就是"北斗七星"，其中摇光、开阳、玉衡、天权，四颗星依次组成斗勺，天玑、天璇、天枢三颗星组成斗柄。按照西方的星座系统，这七颗星星都属于大熊星座。

在古人眼里，北斗七星非常重要。因为在不同的季节，北斗星出现在天空中的方位不同，所以古人可以用它来辨别方向、确定季节。当斗柄指向东方时代表着春天；指南代表着夏天；指西代表着秋天；指北代表着冬天。

撇短捺长中竖短

《秒懂汉字》

　　甲骨文的"足"（），上部是一个口字形状，说法不一，有人说像膝盖的样子，下部是"止"，有脚的意思。金文、小篆和甲骨文类似，隶书、楷书已经笔画化了。古代认为足是从膝盖到脚的部分，现就指脚。"足"引申为器物或动物的脚，还有充足、值得的意思。

甲骨文　　金文　　小篆　　隶书　　楷书

《知识扩展》

三足鼎立魏蜀吴

东汉末年，社会动荡，群雄并起。在群雄势力中，魏国、蜀国、吴国在历史上的地位最为重要。

曹操代表的魏国势力打败了袁绍之后，成为当时最大的诸侯势力，在三国之中版图最大；蜀国的刘备经过桃园三结义之后稳步扩充队伍；而吴国的孙权继承父兄意志，牢牢掌控着江东。后来，吴国和蜀国在赤壁之战中结成联盟，一举打败了曹操号称的八十万大军，形成势均力敌的对峙之势，就像鼎的脚一样，三只脚各立一方。人们就把这段历史称为三国鼎立魏蜀吴。

zhī

之

夹角小　捺舒展

《秒懂汉字》

　　甲骨文的"之"（Ψ），上部的"止"（Ψ）像脚的样子，下部的一横表示地面，合起来就是脚离开原地，到某个地方去的意思。金文、小篆形体基本不变，隶书、楷书完全没有甲骨文的样子。"之"本义往，到……去，常用来代替人或事物，还相当于"的"使用。

甲骨文　　　金文　　　小篆　　　隶书　　　楷书

《知识扩展》

王羲之的"之"字

　　古人给子女取名时讲究避讳原则，即不能和长辈名字重复。然而东晋大书法家王羲之的七个儿子里，名字里都带有"之"字，比如王献之、王徽之、王凝之等，更有趣的是王氏家族里共有72人名字中都带有"之"字，可谓不按常理出牌。

　　对于这个奇怪的现象，有学者推测，这是因为他们都信奉"五斗米道"，"之"字是宗教信仰的象征；也有人说，"之"是语气助词，没有实意。真实原因究竟如何，后人已无从考证。六朝的历史已经远去，我们铭记王羲之，主要是因为他出神入化的书法技艺和魏晋时期特有的率性和风度。

cǎi

采

上小下大　撇捺舒展

《秒懂汉字》

　　"采"表现的就是小朋友们最喜欢的采摘。甲骨文的"采"（采），上部是"爪"（爪），有手的意思，下部（果）是果树上结果实的形状，合起来就是用手在树上摘果实。金文（采）省略了树上的果实，后续字体基本采用了金文的造字思路。"采"本义是摘取，引申为采取、选择、搜集。

甲骨文　　　金文　　　小篆　　　隶书　　　楷书

《知识扩展》

伯夷叔齐采薇以食

商朝有一个叫孤竹的诸侯国。孤竹君去世后，另有人继承了王位，伯夷和叔齐就前往西岐养老。到了西岐之后，两人听说西伯侯姬昌刚刚去世，他的儿子武王正在讨伐纣王。他们认为武王的父亲刚去世就大举起兵，是为不孝；以臣子的身份讨伐君王，是为不仁。于是两人拦住武王的马劝谏，但武王不听他们的劝说。

后来，武王伐纣成功建立了周朝。伯夷、叔齐认为周武王的价值观与自己不符，不屑与这样的人为伍，便隐居在首阳山，采薇以食。"薇"是一种野菜，到了寒冬腊月，想必最终也没有野菜可食，兄弟二人最终双双饿死。

zǒu

走

一 十 土 耂 耂 未 走

书写口诀

土要小　撇要长

《秒懂汉字》

金文的"走"（），上部的"夨"像一个甩开双臂、迈开步子向前跑的人，下部的"止"（）表示跟脚有关系，加强了跑这个动作。小篆基本跟金文相同，隶书、楷书笔画化，上面变成了"土"。"走"本义是跑，古代走路是"行"，快跑是"走"。现在"走"是步行的意思。

金文　　　小篆　　　隶书　　　楷书

《知识扩展》

走马灯

中国是一个爱灯的国家，每逢正月十五元宵节，几乎家家户户都要挂花灯。古代心灵手巧的工匠们制作了许多五彩缤纷的花灯，其中有一种叫"走马灯"。

"走马灯"有六个灯面，上面有古代武将的骑马图或是剪纸，灯座底下藏着一支蜡烛，点燃之后，上升的热气带动灯不停地旋转，灯面上的马儿和人好像在互相追逐一样，十分有趣，"走马灯"这个名字正是因此而来。

"走马灯"代表着古人对喜庆和吉祥的追求，是劳动人民智慧的象征。由于"走马灯"旋转不停，时至今日，人们也常用这个词来比喻来往穿梭不停的事物。

zhí

直

| 一 | 十 | 十 | 古 | 古 | 古 | 直 | 直 |

书写口诀

多横等距边竖直

【秒懂汉字】

　　甲骨文的"直"（ ）下部是一只眼睛的形状，上部是一条笔直的线（ ），合起来就是使用眼睛测定曲直。也有人认为，甲骨文里笔直的线是数字"十"，这倒是跟金文的" "一致，意思是一个人正直，经得起十只眼睛检查。"直"本义是不弯曲，引申为正直、公正、坦率等。

《演变过程》

甲骨文　　金文　　小篆　　隶书　　楷书

《知识扩展》

秉笔直书

在古代，历史是靠专人去记载和编撰的，这些人就是史官。

春秋时期，齐国的大夫崔杼（zhù）杀了齐庄公，齐国的史官如实记载了这件事情。崔杼怕在历史上留下弑君的恶名，就把史官杀了。新的史官是死去史官的二弟，他不改哥哥的初心，如实记载了这件事情，于是崔杼又把他给杀了。第三个史官是他们的三弟，上任时崔杼威胁他说："你的两个哥哥都被我杀了，你难道不怕死吗？你还是把齐庄公写成是病死的吧！"没想到他回答道："秉笔直书是史官的职责，为了苟活放弃原则，我做不到！"听了这话，崔杼无话可说，只好放了他。

wén

文

丶 亠 宁 文

书写口诀

竖撇起笔对准点

《秒懂汉字》

　　甲骨文的"文"（），像一个站立的人形，上部是头，中间是左右伸展的两臂，胸前刻有花纹，下部是两条腿。金文的花纹有变化，小篆则省略了花纹。胸前的花纹就是早期的文身，"文"字本义是文身，引申为文字，有文采、文章、条文等意思，古代称一枚铜钱为一文钱。

| 甲骨文 | 金文 | 小篆 | 隶书 | 楷书 |

《知识扩展》

甲骨文是怎么被发现的？

清朝有个金石学家叫王懿荣，有一次他染上了痢疾，当地的老中医开了一剂药方，其中有一味药叫"龙骨"。他从药铺抓来"龙骨"，仔细观察之后发现，上面竟然刻有很多有规律的符号，凭借经验，他判断这种符号是某种古代的文字。为了做进一步研究，他把药铺中刻有符号的龙骨全部收购一空。经过研究发现，这种文字距今已有三千多年历史，可以说是汉字的源头。由于这种文字是在兽骨上发现的，所以被命名为甲骨文。甲骨文的发现惊艳了整个世界，王懿荣也被称为甲骨文之父。

ZUÒ

坐

丿 人 从 从 坐 坐 坐

书写口诀

两个小人坐土上

《秒懂汉字》

　　汉代以前，古人把席子铺在地上，坐下时，膝盖先着地，屁股再放在脚跟上，叫席地而坐。小篆的"坐"（坐）由相对的两个"人"和"土"组成，就是两个人相对席地而坐的样子。"坐"本义是跪坐，后泛指坐这个动作，引申为乘、搭，还能表示位置在某个地方。

金文　　　小篆　　　隶书　　　楷书

《知识扩展》

古人怎么坐?

现代人的坐指的是臀部靠在坐具上，两腿下垂，上半身挺直。不过这样的坐姿可不是古来有之。

先秦以前，人们一般席地而坐，两脚前伸，像簸箕一样。后来峨冠博带的古人认为这种坐姿不雅，便舍弃了它。春秋战国到宋朝这段时间，最主流的坐姿是屈膝跪坐，臀部放在脚跟上，就像现在日本人的坐姿。不过跪坐久了容易累，还有一种坐姿是盘坐，就像现代打坐一样。魏晋南北朝以后，胡床传入中原地区，椅子成了社会潮流，古人的坐姿也真正实现了"现代化"。

shé

舌

书写口诀

横长竖稍斜　撇短口字扁

《秒懂汉字》

　　甲骨文的"舌"（舌）字像舌头（ᐁ）从嘴巴（ᗐ）里伸出来的样子，金文（舌）、小篆（舌）的舌头略有变化，隶书、楷书的舌尖变成了一撇。"舌"本义是口中的味觉器官，即舌头，引申为像舌头的东西。因为舌头参与说话，古文中"舌"常有语言、说话的意思。

《演变过程》

| 甲骨文 | 金文 | 小篆 | 隶书 | 楷书 |

《知识扩展》

史上最忠烈的舌头

唐玄宗时期，安禄山起兵造反，本为安禄山部下的颜杲（gǎo）卿，一面忍辱负重，一面招兵买马，希望能为国家平定叛乱。

后来，颜杲卿和安禄山在常山对峙。为逼迫颜杲卿投降，安禄山抓了他的儿子颜季明。他拒不投降，季明被杀。兵败后，颜杲卿被安禄山所擒，安禄山责问他为什么背叛自己，杲卿回答："我世为唐臣，常守忠义，岂会跟着你叛乱？"

安禄山大怒，命人拔掉了他的舌头，他忍着断舌之痛大骂，直至气绝。后来，颜真卿找到了侄子颜季明的头颅，他悲愤不已，含泪写下了《祭侄文稿》。这就是"天下第二行书"的故事。

wǎng

往

丿 亻 彳 彳 彳 彳 彳 往

书写口诀

左长右稍短　两撇起笔齐

《秒懂汉字》

　　"往"是形声字。甲骨文的"往"（ᴁ），上部是"止"（ᴂ），跟脚有关系，表示行走，下部是"王"（ᴁ），表示该字的读音。金文在左边添加"彳"，加强了行走的意思，小篆、隶书和楷书延续金文的造字思路。"往"本义是去或到，引申为朝、向，还有从前的、过去的意思。

往　往　往　往

甲骨文　　　金文　　　小篆　　　隶书　　　楷书

一往情深

"一往情深"的意思是指对人或对事物倾注很深的感情，十分向往留恋。现代人一般用这个词语形容爱情，不过最初这个词语和音乐有关。

东晋时期有一个名将桓伊，他同时也是个音乐爱好者，笛子是他最擅长的乐器。相传桓伊有一把"柯亭笛"，他曾拿着这把笛子，吹奏出了名曲《梅花三弄》。后人根据笛曲改编成了琴曲，流传千古。

除了吹笛之外，桓伊还爱听别人唱歌，每当听到清越的歌声时，他就会赞赏道："奈何，奈何！"当时的宰相谢安见桓伊对音乐到了如此痴迷的程度，便评价说："桓子野对音乐真是一往情深！"

háng

行

丿 亻 彳 彳 行 行

书写口诀

左高右低　竖钩挺拔

《秒懂汉字》

　　"行"的甲骨文（ ）和金文（ ）都像两条相交的十字路口，小篆（ ）还保留着一些路口的样子，隶书、楷书基本失形。"行"本义是道路，引申为行列、行业，还用作量词。因为路都是供人走的，因此"行"又引申为行走、走的意思，这时候读xíng。

北 行 行 行 行

甲骨文　　　金文　　　小篆　　　隶书　　　楷书

《知识扩展》

多行不义必自毙

春秋时期，郑武公有两个儿子，长子叫郑庄公，幼子叫共叔段。按照古代的继承制度，武公死后由郑庄公继位。可共叔段仗着母亲的偏爱，不断修造城池、招兵买马，企图侵占郑国的国都，取代郑庄公的君位。有大臣劝郑庄公早下决断，否则定会后患无穷。郑庄公却回答："不仁义的事情干多了，必然会自取灭亡，等着瞧吧！"

后来，共叔段认为自己实力壮大，企图偷袭郑庄公。没想到早有防备的郑庄公将共叔段一举挫败，逼得对方流亡他乡。"多行不义必自毙"这句话就流传了下来，比喻坏事干多了，一定会自取灭亡。

xīng

姓

女字瘦　三横匀

《秒懂汉字》

　　金文的"姓"（），左部是"生"（ ），指草木从土里生长出来，右部是"女"（ ），像一个跪坐的女子，合起来就跟女人生育孩子有关系。古时很多强大的族群都从女性开始，一代代繁衍强大，每个人名字中都有标明家族的字，即最早的"姓氏"。"姓"本义是标志家族的字。

坓　姓　姓　姓

金文　　　　小篆　　　　隶书　　　　楷书

《知识扩展》

"三姓家奴"吕布

在《三国演义》中，战神吕布有个贬义的头衔——"三姓家奴"，到底是哪三姓呢？

吕布原本姓吕，这是一姓；生父去世后，他认并州刺史丁原为义父，此为二姓。后来，董卓送给吕布一匹赤兔马，还附上大堆钱财，吕布见财忘义，便杀了丁原，投靠了董卓，并且还成了董卓的养子，此为三姓。在小说里，吕布后来又为了美人貂蝉杀了董卓。

古人讲究忠孝节义，大丈夫行不更名，坐不改姓。吕布数易其姓，自然背上了不忠不孝的名声。不过，正史里的吕布虽然立场摇摆不定，但当时的人并没有直呼他"三姓家奴"。

起点步步高　撇画要穿插

《秒懂汉字》

　　甲骨文的"以"（乚）实际是"吕"（读yǐ），像古代耕地用的一种农具耜（读sì）。金文和小篆还是农具的样子。甲骨文、金文和小篆还有加"人"的写法"刁""刁""刁"，表示人使用农具。"以"本义是用、拿，现在多用于表示时间、方位、数量的界限，譬如"三年以前"，还有依、按照的意思。

《演变过程》

甲骨文　　　金文　　　小篆　　　隶书　　　楷书

《知识扩展》

以史为鉴

唐太宗李世民在位期间，他手底下有一个宰相名叫魏徵。唐太宗有意开创一个盛世，魏徵也希望做个辅佐君王的贤臣，这一对君臣经常"相爱相杀"。魏徵多次给唐太宗提意见，唐太宗即使不高兴，也几乎照单全收。

在魏徵的辅佐下，唐太宗开创了"贞观之治"，一时之间经济强盛、文化繁荣，唐太宗也在历史上留下了贤君的名声。后来魏徵病逝，唐太宗前去吊唁，他痛哭流涕："把铜当镜子，可以使衣帽穿戴端正；把历史当镜子，可以知道国家兴衰的原因；把人当镜子，可以明白自己的对错。现在魏徵去世了，我就好比少了一面镜子啊。"

体

丿 亻 亻 仕 休 体 体

左窄右宽　撇捺舒展

《秒懂汉字》

　　"体"是"體"的简化字。小篆的"体"（體）是形声字，左边是"骨"（骨），表示身体靠骨头支撑，右边是"豊"（豊），表示发音。简化后的"体"字是会意字，由"亻"和"本"组成，表示身体是人之根本。"体"本义是人和动物的身躯，有时指身体一部分，引申为物体、形式。

體　體　體　体

小篆　　　隶书　　　楷书　　　简化字

体育

　　体育是人们喜闻乐见的一种运动形式。不过"体育"一词其实是个外来词，1897年才由日本传入中国。

　　虽然"体育"传入中国的时间不长，但它的历史非常悠久。原始社会，人类以捕猎为获取食物的主要手段，训练好跑、跳、投掷、攀登等动作有助于人们更好地捕捉猎物。为了保证生存，我们的祖先还把这些动作传授给下一代，这就是体育的雏形。后来，随着人类社会不断发展，体育开始和娱乐、祭祀结合起来。相传古希腊人以竞技比赛显示他们对诸神的崇拜和虔诚，后来的奥林匹克运动会即来源于此。

zhǎo

找

一 十 才 扌 找 找 找

书写口诀

左右等高斜钩长

《秒懂汉字》

　　"找"是后来发明的字，隶书的"找"（找），左边是"扌（手）"表示跟手的动作有关系，右边是"戈"，是古代的一种兵器，合起来有用手把戈捡起来，或者拿着戈找东西的意思。"找"本义是寻找、寻觅，引申为把多收的部分退还或补上不足的部分。

找 找

隶书　　　　楷书

笑话一则：骑驴找驴

　　古时候有个人从集市上买了五头驴，他美美地想着，回家之后驴可以生驴，这样他就能源源不断地卖驴子挣钱了。走着走着，他觉得有些累了，于是骑上了一头驴子，"一，二，三，四。怪了，我的驴子怎么少了一头？"他焦急地想，怕不是丢了吧。于是他决定再数一遍："一，二，三，四，天哪真的少了一头！一定是丢在半路上了，不行，我得回去找！"他暗暗琢磨。等他从驴子上下来时，他发现他的驴"回来了"，便又认真地数了数，这一次果然没错，是五头。"哦，只要我不骑驴，驴就不会丢了。"于是他开心地大步走回了家。

dōu

都

一 十 土 耂 耂 者 者 者 者 都 都

左高右低　末竖要长

《秒懂汉字》

　　"都"是形声字，金文的"都"（），右边是"邑"（），是人们聚居的地方，即古代的城市；左边是"渚"（），省略"氵"表示发音，"渚"有水中小块陆地的意思，表示古代城邑多建在水边。"都"本义是大城市，特指首都，读dū。读dōu时，有全部、甚至、已经的意思。

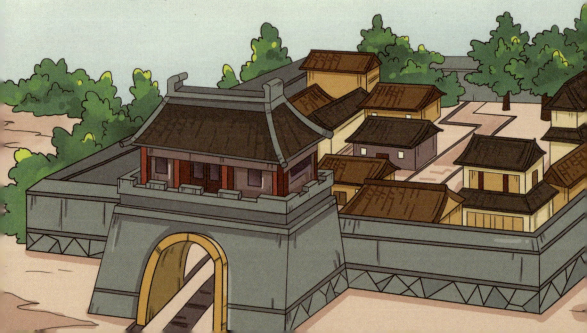

【演变过程】

都　都　都　都

金文　　小篆　　隶书　　楷书

【知识扩展】

六朝古都——南京

南京地处中国东部，是江苏省的省会，这里有秦淮河、江南贡院还有法国梧桐和盐水鸭。现代的南京以兼容并包的姿态吸引着游人为之驻足。

南京也是一座历史古城，被称为"六朝古都"。"六朝"分别是东吴、东晋、南朝的宋、齐、梁、陈。这些朝代都曾定都南京，也留下了"建康""金陵""建业"等美丽的名字。

战国时期，楚国的楚威王认为南京有王者之气，就埋藏了许多黄金来镇压王气。秦始皇登基后，又下令斩断龙脉以泄王气。南京因此成了文人心中最为特殊的城市。

máo

毛

两横左伸尾巴长

《秒懂汉字》

　　"毛"的金文（ ）和小篆（ ）都像人或动物的毛发样子，隶书和楷书虽然笔画化，但造字思路不变。"毛"本义指人或者动物的毛发，引申为粗糙的、未加工的、粗心大意，还可以表示细、小，譬如"毛毛雨"。

《演变过程》

金文　　　小篆　　　隶书　　　楷书

《知识扩展》

毛宝放龟

　　东晋武将毛宝的手下有一名军人，他曾买了一只白龟悉心照顾，白龟长大后，军人把它放回了江中。

　　后来晋军战败，那个军人跳入江中逃生，刚入水中就感觉脚下有东西托住自己，他因此得以渡过长江。登岸后他才发现，原来托住他的就是当年放走的白龟。

　　由于这个军人没有留下名字，只知道他是毛宝的部下，所以后人就将这个故事归到了毛宝身上，"毛宝放龟"也就成了施恩获报的典故。然而真实的历史是，毛宝本人并没有被乌龟所救，恰恰相反，他最后是溺水而死的。

kǒng

孔

书写口诀

左窄右宽弯钩长

秒懂汉字

　　金文的"孔"（），左下部是"子"（），是一个小孩子的形象，右上部（）是一个弯曲的弧线，表示指向小孩子的囟（xìn）门（指婴幼儿颅骨接合不紧所形成的骨间隙）。小孩子头顶有囟门，没有合缝，有小洞，所以"孔"本义指囟门，泛指小洞、窟窿。也有人认为金文的""像婴儿在吃奶的样子，"孔"指母亲乳头的乳孔。

金文　　　　小篆　　　　隶书　　　　楷书

〖知识扩展〗

孔雀为什么会开屏？

孔雀被誉为"百鸟之王"，长着一条硕大而美丽的尾巴。你知道孔雀为什么会开屏吗？

孔雀开屏主要有两种功能。一是求偶：自然界很多动物都是"外貌协会"成员，孔雀也不例外。雄孔雀通过展示艳丽的羽毛和强壮的尾巴，可以吸引雌孔雀的目光，进而繁育后代；二是防御，很多"不明真相"的动物没见过孔雀开屏的阵仗，当孔雀认为他们有威胁时，就会竖起巨大的尾巴，乍看之下就像一只波光粼粼的"千眼怪"，没准儿对方就会吓得落荒而逃。

yǒu

友

一 ナ 方 友

首横短　两撇不一样

《秒懂汉字》

　　"友"的甲骨文（𣥐）和金文（𦥑）都是两只相同的手左右并列在一起，小篆（𦥑）变成了上下叠加，隶书和楷书虽然笔画化，还能看出两只手的样子。"友"字有伸出手互相帮助的意思，本义就是朋友，引申为亲近、相好、有友好关系的。

《演变过程》

甲骨文　　金文　　小篆　　隶书　　楷书

《知识扩展》

戴和的朋友名录

　　汉朝有个人名叫戴和，他喜欢交友也很重视朋友。每当他结交了一个知己，就会把对方的生辰八字写在竹简上，日子久了汇成一本书，戴和取名为《金兰簿》。"金兰"是兄弟姐妹的意思，书的扉页题着一行誓词："卿乘车，我戴笠，他日相逢下车揖；君担簦（dēng），我跨马，他日相逢为君下。"

　　誓词是古人对友情的理解。光阴流转，岁月变迁，日后有人富贵乘车，也有人贫贱戴笠，然而结交时的初心不可忘，诚挚的友情不可改。"车笠之交"便从此而来，形容富贵不相忘的友情。

guī

归

丨 丩 归 归 归

竖撇长　三横匀

《秒懂汉字》

　　"归"是"歸"的简化字。甲骨文的"归"，左边是"自"（ ），指小土堆，右边是"帚"（ ），表示拿扫帚的人，指已婚女子。金文没有变化，小篆加了"止"（ ），跟脚有关系，整个字表示拿扫帚的人来了。"归"的本义是女子出嫁，引申为返回、还给、合并、属于等意思。

《演变过程》

佳　　佳　　歸　　歸　　歸　　归

甲骨文　　金文　　小篆　　隶书　　楷书　　简化字

《知识扩展》

当姜维收到一份"当归"

三国时期的名将姜维幼年丧父，与母亲相依为命。他本是魏国将领，后来投靠了蜀国。姜维入蜀之后，因为蜀军吃了败仗，他不幸和母亲失散了。

与此同时，魏国很想把姜维这个军事奇才争取回来。他们听说姜维是个孝子，便诱逼姜维的母亲写信给儿子，还在信封里附上了草药"当归"，寓意回归曹魏。可姜维已不想再效忠曹操，便回信道："但有远志，不在当归。"姜母知道后，深深地理解儿子，尽管后来魏国又多次逼姜母写信劝姜维，她都严词拒绝了。姜维死后，蜀国人感念他的忠诚，为他建了一座庙。

xīn

辛

亠 十 六 立 立 辛

中横最长呈菱形

【秒懂汉字】

　　甲骨文的"辛"（辛），像一把刀刃向上的平头刀的形状。古代常用平头刀在罪犯或者奴隶的脸上刺字，这种刀就叫"刑刀"。也有人说"辛"是倒立的人形，是违背法规的人，有罪犯的意思。"辛"本义是刀，引申为辣，还有辛苦、悲伤的意思。"辛"是古代天象观测里天干第八位。

甲骨文　　金文　　小篆　　隶书　　楷书

【知识扩展】

五味：酸、苦、甘、辛、咸

人们常说"五味杂陈""打翻了五味瓶"。"五味"指的就是酸、苦、甘、辛、咸。

其中，盐是五味之首，吃盐是关乎国计民生的大事，古人获取盐的主要方式是从海水或井水中提取；"甘"是人出生后首先接触的味道，在古代代表着美好，古人吃甜的方式有饴糖、蜂蜜等；古人获取酸味的方式是水果，比如杏、李子；辛和现在的辣不同，据相关资料记载，芥末和生姜能够给人们提供辛味；古人也不喜欢苦味，最能代表苦的就是黄连，所以也有歇后语"哑巴吃黄连——有苦说不出"。

撇低捺高要舒展

"今"的甲骨文（A），上部的"A"像一个闭合的嘴的形状，下面有一横（-），表示口中含着东西。金文（A）、小篆（今）的一横有所变形，隶书和楷书完全笔画化。"今"本义是嘴里含有东西，现在这个意思完全由"含"表示。"今"现在常用于表示时间，有现在、当前的意思。

《演变过程》

| 甲骨文 | 金文 | 小篆 | 隶书 | 楷书 |

《知识扩展》

人成各，今非昨

南宋时期诗人陆游和才女唐婉成婚后十分恩爱。好景不长，陆游的母亲因为不喜欢唐婉，两人被迫分开。陆游休妻后，唐婉改嫁赵士诚。若干年后，陆游在沈园散心，恰好看到唐婉和丈夫一道游园。看着曾经的爱人，陆游心中五味杂陈，默默流泪，他在墙上题了一首追忆对方的《钗头凤》。后来唐婉二度游园，看到陆游留下的词，她也以《钗头凤》为名，另和了一首词，其中两句是"人成各，今非昨"。原来唐婉也和陆游一样不忘旧情，曾经夫妻情深，如今形单影只，唐婉深感世道艰难，令人无可奈何。

书写口诀

撇捺舒展　两点对齐

《秒懂汉字》

　　"尽"是"盡"的简化字。甲骨文的"尽"（），就像用手（大）拿着类似刷子（ ）的东西清洗器皿（ ）。器皿中空了，可以清洗了，就表示吃完了，所以"尽"本义是完了、没有了的意思。"尽"引申为全、都、全部用出、到达顶点的意思。

【演变过程】

甲骨文　　金文　　小篆　　隶书　　楷书　　简化字

【知识扩展】

江郎才尽

南北朝时期有一位文学家江淹。江淹小时候是个神童，六岁时就会作诗，等到二十多岁时已经远近闻名。

江淹年轻时还写出了《别赋》《恨赋》等大量惊艳文坛的作品，凭借文学才华，他的仕途十分得意。可是到了晚年，江淹的诗文质量和数量都退步不少，和从前根本不能相提并论，人们就说他"江郎才尽"。

有好事者猜测，江淹年轻的时候得了神仙送的五色笔，因此文思泉涌，后来神仙收回了五色笔，他就再也写不出好的文章了。其实才华并不会突然消失，也许江淹当官后忙于政务，疏忽了读书写作，时间久了，自然写不出好的作品了。

"止"扁撇长

　　"步"的甲骨文（）和金文（ ），上部是一个脚趾向上的左脚，下部是一个脚趾向上的右脚，表示人在路上行走。小篆是正反两个"止"，隶书和楷书下半部分完全失形。"步"本义是行走，引申为脚步、步伐，还有步骤、地步的意思。

甲骨文　　　金文　　　小篆　　　隶书　　　楷书

《知识扩展》

邯郸学步

战国时期，燕国寿陵有个少年。他听说赵国都城邯郸的人走路姿势特别优美，于是不远千里赶去学习走路。到了邯郸之后，少年一早就在大街上候着，仔细观察每一个邯郸人走路的样子。年轻人走大步他也走大步；女孩子走小碎步他也走小碎步；老年人弓着腰，他也弓着腰。一整天过去了，少年学得精疲力竭，他也糊涂了：邯郸人到底是怎么走路的呢？他心想："算了吧，我还是用我以前的方式走路吧。"可他却突然不知道应该怎么走路了，只好爬着回了家。

现在人们常用"邯郸学步"比喻一味模仿别人，不仅没学会新本事，还把自己原来的本事丢了。

zhǎo

爪

书写口诀

平撇短　竖撇长

《秒懂汉字》

　　甲骨文的"爪"（）像一只向下伸出的手爪的形象，金文（）在指端增加了指甲。小篆将甲骨文线条化，接近隶书和楷书。"爪"本义指手爪，引申为人的指甲、趾甲，鸟类或兽类的脚趾，当读zhuǎ时，指鸟类或兽类的脚，譬如"爪子"。

《演变过程》

| 甲骨文 | 金文 | 小篆 | 隶书 | 楷书 |

《知识扩展》

曹操的马：绝影、爪黄飞电

俗话说"宝马配英雄"，古代的英雄人物几乎都有良马相伴。三国时期的曹操也不例外，并且他还有两匹留下了姓名的马：绝影和爪黄飞电。

据资料记载，"绝影"产自西域，它速度奇快，跑起来连影子都追不上。后来曹操在征讨张绣时大败，全靠绝影逃了出来，它身中三箭仍忠心护主，直到被射中眼睛才倒了下去。

与绝影相比，爪黄飞电胜在颜值。它毛色雪白，四个蹄子为黄色，"爪黄"即得名于此。不过，曹操通常不会在作战时骑它，而是选择在凯旋归来时骑乘以彰显自己的枭雄气质。

yǎn

眼

丨 冂 冂 冃 目 目 眎 眂 眼 眼 眼 眼

书写口诀

左窄右宽　捺画略翘

〖秒懂汉字〗

　　小篆的"眼"（眼），左部是"目"，指眼睛。右部是"艮"（艮），上边是"目"（目），下边是"匕"（匕），突出"目"这个器官，像人看东西的样子。"目"和"艮"合起来就是眼睛，引申为小窟窿、小孔洞，还指事物关键、重要的地方。

小篆　　　隶书　　　楷书

青眼白眼

魏晋时期，"竹林七贤"之一的阮籍为人蔑视礼法，狂放不羁。有一年，阮籍的母亲病逝了，嵇康的哥哥嵇喜前来吊丧。

嵇喜虽然很有才华，但是过于注重官场，所以当时的人都认为他很庸俗。嵇喜到了阮籍家里后，阮籍目光斜视，以白眼相待，嵇喜只好尴尬地回去了。嵇喜回去之后对弟弟嵇康一五一十说了这件事。嵇康也是阮籍的朋友，于是他也带上酒和琴前去吊丧。嵇康在当时是出了名的超凡脱俗，阮籍见了之后目不斜视，以青眼看他。

后来人们就以青眼指代尊重对方，以白眼指代蔑视对方。"青睐""垂青"也来源于此。

xìn

信

丿 亻 亻 仁 仨 信 信 信 信

书写口诀

左窄右宽　横画均匀

《秒懂汉字》

　　金文的"信"（🦋），左部是"人"（亻），右部是"口"（口），"口"表示说话，合起来就是人说出的话真实可信。小篆的"信"（𦫵），右部把"口"换成了"言"（𧮫），"言"有言语，说出的话的意思。"信"本义是言语真实可信，引申为诚实、信用、相信等义，还有信件、凭据的意思。

知 儒 信 信

金文　　　小篆　　　隶书　　　楷书

古人如何传信？

现代人靠网络就可以即时通信。古人是如何传递信息的呢？

为了传递最重要的军事信息，国家一般会修建烽火台，点燃之后狼烟四起，以此调兵遣将。

老百姓的传信方式遍布海陆空。空中有鸿雁、飞鸽等禽类。鸿雁曾经为汉朝带回了苏武的消息，而唐朝宰相张九龄养了几十只鸽子传递书信；陆地中的"传信官"是狗，晋朝的陆机养了一只叫"黄耳"的狗，能够往返几千里传递家信；水里的信使是"鱼"，相传三国时期的葛玄就通过鲤鱼传书，不过后来，人们传递书信时只是把信放入鱼形的信匣之中。

shì

事

一 十 市 市 事 事 事 事

书写口诀

横画均匀　上横最长

《秒懂汉字》

　　甲骨文"事"（ ），像一只手（ ）拿着一个上端有叉的捕猎工具（ ），表示手里拿着捕猎工具去狩猎。金文发展到楷书，虽然字形变化很大，但构字的部件没有变。"事"本义是捕猎，后来指事情，引申为事故、职业、工作等，还有从事、侍奉的意思。

《演变过程》

甲骨文　　金文　　小篆　　隶书　　楷书

《知识扩展》

家事国事天下事

风声雨声读书声，声声入耳。

家事国事天下事，事事关心。

"对联"也叫对子，一般分为上联和下联，上下联字数相等、结构对称，读起来朗朗上口。历史上有一副经典的对联"风声雨声读书声，声声入耳。家事国事天下事，事事关心。"

对联的作者是明朝一位大学问家顾宪成，他把自己的人生感悟传授给学生，告诫他们，年轻人不能只知道埋头读书，还应志存高远，关心国家大事。后来这副对联成了无数学子的座右铭，激励着他们努力读书，报效祖国。

gē

歌

一 亻 亻 亓 亓 哥 哥 哥 哥 哥
歌 歌 歌

书写口诀

左长右短　捺画舒展

《秒懂汉字》

　　金文的"歌"（），左部是"言"（），指从口中发出的声音，右部是"可"（），有唱歌的意思，合起来就是唱的意思。小篆的"歌"（）完全不同于金文，左边是"哥"，是"歌"原来样子，右边是"欠"，表示唱歌像打呵欠一样要张嘴。"歌"本义是唱，引申为赞美，还有歌曲的意思。

歌 歌 歌 歌

金文　　　小篆　　　隶书　　　楷书

《知识扩展》

大风歌

[汉]刘邦

大风起兮云飞扬。

威加海内兮归故乡。

安得猛士兮守四方！

　　汉高祖刘邦曾经是沛县的一个小官，经过艰苦卓绝的楚汉之争，他击败项羽，成了汉朝的开国皇帝。公元196年，刘邦荣归故里。大宴百姓，他遍邀昔日的亲友、尊长，一连数日共同欢饮。酒过三巡，刘邦想到他这一生的坎坷沉浮，感慨良深，于是即兴吟出了这首《大风歌》。

chàng

唱

书写口诀

口字偏左上　两日不一样

《秒懂汉字》

　　小篆的"唱"（唱），左部是"口"（出），表示与口的动作有关，右部是"昌"（昌），有兴盛美好的意思，合起来就是开口歌唱美好的东西，"昌"在这里还表示读音。"唱"本义是歌唱，又指依照音律发声，引申为大声叫或说。

小篆　　　　隶书　　　　楷书

《知识扩展》

为什么"雄鸡一唱天下白"

常言道"雄鸡一唱天下白"。细心的人会发现，只要公鸡一叫，天就亮了。那么，为什么公鸡总在天快亮的时候打鸣呢？

科学研究表明，鸡其实是夜盲症患者，在没有光源的夜里，鸡会老老实实地睡觉，同时大脑中分泌一种叫褪黑素的物质。当天快亮的时候，光线射入鸡的眼睛，褪黑素的分泌就会受到抑制，鸡的神经中枢也会受到刺激，雄鸡也就会不由自主地打鸣了。

不过鸡可不止在天亮的时候叫。鸡有一个特点，只要有一只鸡鸣叫，其他的鸡也会跟着叫起来。在小说《半夜鸡叫》中，周扒皮就靠模仿鸡叫唤醒其他公鸡，然后叫醒长工起床干活。

zhuā
抓

一 丁 扌 扩 扩 抓 抓

书写口诀

左窄右宽　左高右低

《秒懂汉字》

　　"抓"是形声字。"抓"的左边是"扌"，表示这个字跟手的动作有关系，右边是"爪"，表示是用手完成这个动作，还表示这个字的发音。"抓"本义就是用手拿取，泛指用手或爪拿取，引申为用指甲或爪在物体上划，还有把握住、抓住、逮住的意思。

抓　抓

隷书　　　　楷书

抓周

南北朝时期，江南地区普遍流行一种"抓周"的风俗。所谓抓周，就是在婴儿年满一岁的时候，先给他换上新衣，然后在面前放上官印、笔砚、算盘、书本、针线等物品，供孩子自由挑选，以此测定孩子的兴趣和前程。抓到官印代表会做大官；抓到笔砚代表日后能成作家；算盘则代表着经商的头脑和能力……

如今，抓周的风俗虽已不再风行，但很多地方仍保留着这种传统。父母不再以此作为考量孩子未来的标准，人们更多地把它当作孩子满周岁时的助兴活动，把美好的寓意当成是对孩子成长的祝福。

dāi

横画紧凑　斜钩拉长

【秒懂汉字】

　　把东西顶在头上或者套在头上就是"戴"。"戴"最早的文字是"異"，"異"的甲骨文（　）和金文（　），是正面站立的一个人，举着双手，头上套着鬼形面具的形象。小篆体加了"　"，构成了形声字，就是现在的"戴"了。"戴"不仅指头，也指身体的其他部位套着东西。

甲骨文　　　金文　　　小篆　　　隶书　　　楷书

《知识扩展》

双面戴胜鸟

在开阔的园林或是郊野的树干上，经常可以看到一种鸟：它有点像啄木鸟，鸟嘴尖尖长长，头顶着五彩羽毛，像戴着一顶华丽的凤冠，这种鸟就是戴胜鸟。戴胜鸟不仅"颜值"高，而且能负责地照顾自己的后代，很多国家的人都非常喜爱它。在中国文化里，戴胜鸟象征着祥和、美满、快乐。同时它也是以色列的国鸟。

不过，戴胜鸟有着不为人知的一面。它从不清理堆积在窝内的雏鸟粪便，而且雌鸟在孵卵期间会分泌一种具有恶臭的油液，弄得巢中又脏又臭，所以人们也不客气地称它为"臭姑姑"。

路

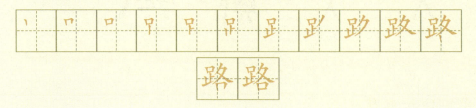

丶 丨 ㅁ ㅁ 尸 尸 尸 足 趵 趵 趵 趵
路 路

左窄右宽　左短右长

【秒懂汉字】

　　金文的"路"，左部是"足"（），表示跟脚有关系，右部是"各"（ ），有来到的意思，合起来表示通过脚走路才能来到。小篆到楷书，与金文的构字部件没有变化，变形也不大。"路"本义是地面上供人或车马通行的道路，引申为途径、方向、种类、方面等意思。

《演变过程》

金文　　　小篆　　　隶书　　　楷书

《知识扩展》

阮籍的穷途末路

阮籍是三国时期的魏国诗人。当时，朝廷派系斗争严重，他们大肆屠杀异己，造成了黑暗恐怖的政治局面。在这种情况下，阮籍也无心官场，只好用避世的方法来明哲保身。他终日饮酒，不问世事，内心却十分痛苦。

据史书记载，阮籍有时独自一人驾着马车疾驰，他随意选择一个方向，之后便一路前行，行到路的尽头无路可走，他就会放声大哭，之后阮籍调转车头，换路继续前行，等到又走到尽头时，他再次放声大哭。车无路可走，就像自己在政治上穷途末路，阮籍的痛苦和绝望无法抒发，只能通过这样的方式安放自己的情感。

hái

孩

了 了 子 孑 孑 孑 孩 孩 孩

左窄右宽　三撇平行

《秒懂汉字》

　　"孩"是形声字，小篆的"孩"（），左部是"子"（），像小孩儿的样子，用作形符，表示和小孩儿有关系，右部是"亥"（），在这里表示读音。小篆到楷书，与金文的构字部件没有变化。"孩"本义是小孩儿笑，现在指儿童，引申为子女。

孩 孩 孩

小篆　　　　隶书　　　　楷书

这个地方为何被称为"香孩儿营"？

1000多年前的一天，洛阳城东北的夹马营里发生了一件怪事。一个女人前一天梦见太阳入怀，第二天就怀孕了。

快要生产的时候，她身上的衣服香如荷花，通体闪烁着金色的光芒，生下孩子后，小婴儿身怀异香，经久不散。这个孩子就是赵匡胤，后来成了北宋的开国皇帝。夹马营里生出一个香孩子的事情不胫而走，于是人们就把这里改叫"香孩儿营"。

不过，古人也很擅长编故事。传说中附宝在野外见到闪电生下了黄帝；刘媪（ǎo）梦到蛟龙附身生下了刘邦。也许古人只是浪漫地猜测，这些大人物生来就与众不同吧。

xiū

休

丿 亻 仁 什 休 休

撇捺舒展不落地

《秒懂汉字》

人们在地里干活儿，干累了就会走到树下休息。甲骨文的"休"（𣏕），就像一个人（亻）靠着一棵树（木）在休息的样子。从金文到楷书构字部件没有变化，延续甲骨文的造字方式。"休"本义是休息，引申为停止、不要，还有丈夫离弃妻子的意思，譬如"休书"。

《演变过程》

甲骨文　　　金文　　　小篆　　　隶书　　　楷书

《知识扩展》

中国"双休"制度简史

双休日对于学生和上班族来说都是最期待的日子，不过这样的幸福可不是开始就有的。

汉代的中国最先与国际接轨，公务员普遍实行双休制，放假的两天是皇帝给大臣们用来洗澡的，因此也叫"休沐"；唐朝的福利略差，变成了上十天休息一天；从新中国成立到1994年，中国人每个星期要工作六天，休息一天。到了1995年，中国人迎来了"上五休二"，双休制度也一直沿袭到今天。

xī

息

书写口诀

上窄下宽　三点渐高

《秒懂汉字》

　　古人认为人的气息从心脏发出，通过鼻子呼出来。金文的"息"（鼻），上部是"自"（自），表示鼻子，下部是"心"（心），表示心脏，所以"息"的本义是呼吸进出的气，引申为停止、休息等，还有消息、利息的意思。小篆到楷书一直保持着"自"和"心"的构字部件。

《演变过程》

金文　　　　小篆　　　　隶书　　　　楷书

《知识扩展》

小道消息

小道消息指的是道听途说的消息或假新闻。在中文中"小道"不仅仅指小路，还有非正式的意思。不过在英文中，不实的消息却译为"通过葡萄藤传递的消息"。

葡萄和假消息有什么关系呢？

19世纪中叶，来自美国的发明家摩尔斯发明了发报机，很快，一些公司就开始建设电报线路。当时的科技水平不高，架设的电缆像葡萄藤一样曲折盘旋，所以人们也称这种电报为"葡萄藤电报"。后来，美国爆发内战，电报除了用来报告战事，也时常报道一些谣言和假消息，渐渐地，人们就把听到不实的消息称为通过"葡萄藤电报"获得的消息。

mào

冒

丨 冂 冂 冃 冃 冒 冒 冒 冒

书写口诀
横画均匀　上部稍宽

《秒懂汉字》

　　金文的"冒"（⊜），上部"⌒"是帽子的样子，下部是"目"（⫿），表示眼睛，合起来就是帽子戴在眼睛的上方（头上）。小篆把帽子的两边拉长，眼睛竖起来。"冒"本义是帽子，现在由"帽"来表示这个意思。"冒"主要表示顶着、向外透、往上升、以假充真、冲动等意思。

《演变过程》

| 甲骨文 | 金文 | 小篆 | 隶书 | 楷书 |

《知识扩展》

冒充朝廷命官？古人：不存在的

古代官员被委任之后常常跋山涉水走马上任。可是到了新的地方，人生地不熟，该如何证明自己的身份呢？万一有人冒名顶替怎么办？

不用担心，古人的智慧超乎我们的想象。官员证明身份的方式主要有两种，一种称为敕（chì）牒，即朝廷颁布的委任书，上面盖有吏部大印，一般人伪造不出来；另一种是告身，上面写有官员的年龄、户籍和容貌特征，相当于现代的身份证。除此之外，官职达到一定品阶，还会持有御赐的金银鱼袋。要想伪造，实在是难上加难啊。

书写口诀

横画均匀　两竖略收

【秒懂汉字】

　　甲骨文的"甘"（ ⿱ ）是"口"（ ⿱ ）中加了一短横（ 一 ），表示口中含了食物。金文和小篆与甲骨文类似，只是短横变长一点。含在口中不舍得咽下的食物，一定是美味甘甜的，所以"甘"的本义是甜，引申为情愿、乐意，还引申为美好。

| 甲骨文 | 金文 | 小篆 | 隶书 | 楷书 |

《知识扩展》

甘肃名字的由来

甘肃位于中国的西北地区，得名于省内的张掖市和酒泉市。因为酒泉曾经叫肃州，张掖曾经叫甘州，两个城市合为"甘肃"。

张掖设为一郡始于汉朝。当时汉武帝派霍去病讨伐匈奴，得胜后建张掖郡，寓意"张国臂掖，以通西域"。那么张掖为什么会改名为"甘州"呢？其实这和它的地理条件有关。张掖有塞上江南之称，这里遍地都是清冽甘甜的泉水，西魏大臣宇文泰便据此将它改名为甘州。到了元朝，中国的行政区划分再次发生改变，元政府设立了甘肃行省。再后来，甘肃变成了新中国的一个省。

左高右低　　左右皆瘦

《秒懂汉字》

　　小篆的"甜"（䑿），左部是"甘"（甘），指味道甜美，右部是"舌"（舌），表示用舌头感知甜美的味道。隶书和楷书变成了左边是"甘"，右边是"舌"，意思不变。"甜"本义是像糖或蜜那样甘美的味道，引申为美好、幸福、舒适、踏实。

皆 甜 甜

小篆　　　隶书　　　楷书

蜂

[唐]罗隐

不论平地与山尖，

无限风光尽被占。

采得百花成蜜后，

为谁辛苦为谁甜。

　　春天到来时，山花烂漫，蜜蜂终日忙碌着采集花粉和花蜜，经过酿造储存成蜂蜜。可是百花酿成蜜之后，成果又归谁所有呢？

　　作者由此想到，蜂蜜被人类掠夺，正如劳动人民的果实被官员掠夺，诗人以辛辣的笔触讽刺了旧社会不劳而获的统治者，同时也赞美了终日勤劳的劳动人民。

mǔ

母

竖折有弧度　中横要拉长

《秒懂汉字》

　　甲骨文的"母"（），像一个双手交叉于腹前，屈膝跪着的女子，两个黑点表示乳房。仔细看一下，甲骨文的"母"实际上是"女"多加了两点代表乳房，表示能哺乳的女子，也就是母亲了。"母"本义是母亲，引申为对女性长辈的称呼，还有雌性的，能产出其他事物的主体的意思。

| 甲骨文 | 金文 | 小篆 | 隶书 | 楷书 |

【知识扩展】

孟母三迁

孟子小的时候原本住在墓地附近，出殡的队伍经常从他家门前经过。小孩子爱模仿大人，孟子就有样学样，玩起了出殡的游戏。孟母看在眼里急在心里，她决定给孩子换个环境。新家在集市旁，没想到孟子又开始跟着小摊贩一起做起了买卖。古时候，经商会被人看不起，只有读书才是高贵的事儿，于是孟母又带着孟子搬了家。这一次，他们隔壁住着个屠夫，每天都要杀猪卖肉，孟子见了，也学着拿着刀子乱舞。孟母没办法，只好再搬一次家。最后，他们搬到了学堂附近。从此孟子经常跟着学堂里的学生一起读书，终于学有所成。

yóu

游

左短右长　笔画紧凑

《秒懂汉字》

　　甲骨文的"游"（☝），像一个人（☝）手持着旗子（☝）的样子，旗子上的飘带随风飘扬，跟"斿"的甲骨文相同。金文与甲骨文变化不大，意思就是旗子上的飘带。小篆的"游"变成了形声字，由"氵"（☝）和"斿"（☝）组成，"氵"表示游水，"斿"表示读音，现在的意思多跟流动有关系。

《演变过程》

甲骨文　　　　金文　　　　小篆　　　　隶书　　　　楷书

《知识扩展》

孔子周游列国

孔子五十五岁时，带着若干弟子周游列国，所谓的"列国"，按照现在的地图算，基本在山东、河南一带。孔子六十八岁时才返回鲁国，十四年里，他一直在向各方诸侯宣传儒家的思想主张，希望能够得到重用，然而孔子成功了吗？

答案是否定的，他到处不受待见，以至于有人评价孔子"有个老头子像一只丧家之狗在发呆"。虽然孔子才德兼备，但他所处的时代是旧秩序瓦解、新秩序建立的变革时期，各方诸侯需要的是一种可以应对新秩序的思想，孔子的思想比较复古，所以他周游列国，游说诸侯，很难得到共鸣。

sǐ

死

一 ナ ゟ 歹 歹 死

书写口诀

横短弯长

《秒懂汉字》

　　甲骨文的"死"（🝖），右部"歹"（🝖）是一个死者的残骨，左部（🝖）是一个人垂头跪着的人在跪拜痛哭。金文和小篆把"人"移到了右边，隶书和楷书把"人"换成了"匕"，但意思都没有变化。"死"本义是丧失生命，引申为不顾生命，不流动、不灵活、不通等。

《演变过程》

| 甲骨文 | 金文 | 小篆 | 隶书 | 楷书 |

《知识扩展》

狂妄到死的杜审言

杜甫的爷爷杜审言是个文章大家，他才华横溢，被后世评为"五言律诗的奠基人"。

在唐朝的文人圈子里，杜审言是出了名的狂傲。有一次考试，主考官是著名诗人苏味道，考完之后杜审言大放厥词："我写的文章真是好，苏味道看到，肯定羞愧死了！"

杜审言临终前，朋友们到病床前探望他，他却口出惊人之语："我死了你们应当高兴才是！"正当大家不明就里的时候，他解释道："我活着的时候，才华一直盖过你们，如今我死了，你们总算有出头之日了，只可惜我还没看到能接我班的人。"

xíng

幸

一 十 士 圡 𡗗 𡴂 𡴈 幸

书写口诀

两竖对齐　中横最长

《秒懂汉字》

　　"幸"的甲骨文（ ）和金文（ ）都像古代一种木制手铐的样子，手铐中间有圆孔。小篆完全变形，上部是"夭"（ ），有夭折死亡的意思，下部是"屰"（ ），有违背的意思，不死亡而生存下来就是幸运的，所以"幸"本义是手铐，引申指侥幸、幸运、幸福等。"幸"本义已不用。

《演变过程》

甲骨文　　　金文　　　小篆　　　隶书　　　楷书

《知识扩展》

国家不幸诗家幸

历史上有这样的君王，他们治国才能欠佳，却在诗词歌赋方面登峰造极。后人用"国家不幸诗家幸"来总结他们的一生。

李煜是南唐最后一位君主。继位初期，他曾希望励精图治，壮大南唐国力。然而李煜生于深宫之中，对国情、民情缺乏了解，再加上错用奸臣，导致南唐国力渐衰，前方的军队也节节败退。最后，南唐灭亡，李煜被俘。

在李煜被幽禁期间，他深感羞耻愤恨。他将国仇家恨化作文字，留下了许多流传千古的名篇。对于南唐来说，遇到这样的国君是他们的不幸，但对文坛来说，出现李煜这样的千古词帝确是一大幸事。

hán

含

丿 亻 人 今 今 含 含

书写口诀

撇捺舒展盖下方

《秒懂汉字》

　　小篆的"含"（），上部是"今"（今），下部是"口"（ㅂ）。"今"本义就有含着东西的意思，再加一个"口"，强调嘴里放着东西这个动作。"含"本义是嘴里放着东西，不吐出来也不咽下去，引申为存在或者藏在里面，还有带着或者隐藏某种情感的意思。

《演变过程》

小篆　　　隶书　　　楷书

《知识扩展》

"含沙射影"的虫子到底是什么?

相传古时候,我国南方一带有一种名叫"蜮"(yù)的虫子,也叫短狐。如今这种虫子已经不存在了。不过,我们可以从史料里总结出他的样子:它的头上有角,背上有硬壳,还长着一对翅膀,能够在水面上飞翔。

最特别的是,它的嘴里有一个像弓弩的器官。当听到有人的动静后,它就会通过这个器官,把嘴里含的沙子射向人体或是倒影在水里的影子。据说,它喷出来的沙子毒性很高,一旦被射中,就会生严重的疾病。

在医学并不发达的古代,人们可谓谈"蜮"色变,和它有关的成语"含沙射影"也应运而生,比喻用卑鄙的手段暗中攻击别人。

wú

吴

丶 口 口 口 吕 吴 吴

"口"小"天"扁

《秒懂汉字》

　　甲骨文的"吴"（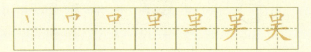），下部"大"是一个站立的人，上部"口"是一个大"口"，表示人大声说话。金文把"口"放在"人"的右上，小篆的人侧着脑袋。隶书和楷书都由"口"和"天"组成，天代表大，"吴"本义就是大声说话。现本义已不用，而专指国家名、地名和姓氏。

甲骨文　　金文　　小篆　　隶书　　楷书

《知识扩展》

吴带当风

　　水墨画是中国特有的绘画方式，画师通过墨汁、毛笔等工具，画在宣纸或布帛上。中国历代绘画大师层出不穷，不过最有名的当属吴道子，他也被人们称为"画圣"。

　　吴道子是唐朝人，他擅长画花鸟虫鱼、亭台楼阁，不过，最为人津津乐道的是他画的人物。他画的人物曲线分明，衣袂飘飘，有迎风起舞之势。当时人称为"吴带当风"。

　　吴道子以精湛的画技俘获了一众粉丝。相传他在龙兴寺作画时，因为围观的人太多，造成了整个寺庙的拥堵，看来唐人"追星"也很疯狂！

yù

遇

一 冂 甲 甲 禺 禺 禺 禺 `禺 遇 遇

书写口诀

边竖内收捺要长

《秒懂汉字》

　　"遇"是形声字，小篆的"遇"由"辵"（辵）和"禺"（禺）构成，"辵"表示"遇"字的含义跟行走、路有关系，"禺"表示"遇"字的读音。隶书、楷书笔画化后，"辵"变成了"辶"。"遇"本义是相逢、遇到，引申为对待、款待，还有机会的意思。

《演变过程》

遇　遇　遇

小篆　　　隶书　　　楷书

《知识扩展》

姜子牙遇周文王

有一次，周文王外出打猎，他在渭水边遇到一个古怪的老人家。老人头戴斗笠闲散地坐在一堆茅草上，只见他把鱼竿抛到水里，嘴里念念有词："鱼儿快上钩，鱼儿快上钩"。细一端详才发现，鱼钩上根本没有鱼饵。文王笑了："老人家，你怕不是糊涂了，这样怎么会钓到鱼呢？"老人摸了摸胡须："自然是愿者上钩。"

文王觉得遇到了世外高人，就与他攀谈了起来。老人名叫姜子牙，他上知天文下知地理，如今正在等待贤君辅佐。于是，周文王立刻拜他为相。后来，姜子牙果然辅佐文王推翻了商朝的统治，建立了西周。

wàng

丶 丶 亡 七 切 钔 钥 钽 望 望 望

书写口诀

末横长　托上方

《秒懂汉字》

　　甲骨文的"望"（𦣻），像一个人（𠂤）站在一个土堆（土）上，用眼睛（目）看远方。金文在右边加了"𝒟"，表示远望月亮。小篆由"亡"（乚）、"壬"（圭）和"月"（𝒟）组成，表示人站在土堆上看月亮，"亡"表示发音。"望"本义就是远看，引申为期待、拜访，也有声誉的意思。

《演变过程》

昱 望 望 望 望

甲骨文　　　金文　　　小篆　　　隶书　　　楷书

《知识扩展》

望梅止渴

三国时期，曹操有一次率兵打仗。行军路上，火热的太阳灼得人喘不过气来。他们找了很久，都没有看到可以饮用的水源。士兵们口渴难耐，已然士气低落。曹操觉得这样下去不是办法，于是他爬上一块大石头，向远处望了望，然后对士兵们说："翻过这座大山，前面有一片梅林，树上结的梅子又大又圆，咬上一口，咱们就不口渴啦。"

士兵们听到这样的话，口水都流了出来。他们马上振奋精神，整装出发。走过一山又一山，一条清澈见底的小溪跃然眼前。士兵们冲到小溪边，大口享受着清甜甘冽的水，而梅林的事儿早就被他们抛诸脑后了。

jiāo

教

一 十 土 耂 耂 考 孝 孝 教 教 教

左右等高　笔画紧凑

《秒懂汉字》

　　甲骨文的"教"（教），右部是"攵"，像手拿着教鞭的样子；左上部是"爻"（爻），有说是算数的小木棍，也有说代表写字，总之是知识；左下部是"子"（子），表示小孩子，合起来就是手里拿着教鞭教并督促小孩子学习的意思。"教"本义是教育、教导，发jiāo音时，有传授的意思。

甲骨文　　　金文　　　小篆　　　隶书　　　楷书

【知识扩展】

画荻教子

北宋大文豪欧阳修小时候家境贫寒，眼看到了他读书的年龄，家里却没钱置办纸笔。欧阳修的母亲心急如焚，一直在想办法。

一天，她从屋前的池塘边经过，那里长着荻草，她突发奇想，砍下荻草秆当笔，又在地上铺上些沙子，当成是纸。笔和纸都有了，欧阳修就跟着母亲练起了写字。母亲一笔一画地教，欧阳修反反复复地练。

为了不辜负母亲的期望，欧阳修抓住一切时间努力学。渐渐地，他的学问越来越好。长大以后，欧阳修到都城开封参加进士考试，拿到了第一名的好成绩。之后，他成了文学界大名鼎鼎的人物，创作的诗词被世代传诵。

zuì

最

丨 冂 冃 冃 甲 里 県 最 最 最 最 最

书写口诀

上小下大　横画均匀

《秒懂汉字》

　　小篆的"最"（最）字，由"冃"（冃）和"取"（取）组成，"冃"本义是帽子，"取"有夺取的意思，合起来就是把别人的帽子夺取走，有强取的意思。也有说帽子戴在人头顶上，表示最高、最突出，这种说法也有一定道理。"最"现在多用于表示达到顶点、极端、超过所有的，本义已不用。

《演变过程》

金文　　　小篆　　　隶书　　　楷书

《知识扩展》

"世界之最"大全——吉尼斯世界纪录

大千世界，无奇不有。如果想看最神奇、最有趣的人和事要去哪里找呢？答案是问来自英国的机构"吉尼斯世界纪录"。

《吉尼斯世界纪录大全》从1955年开始出版，于1974年11月9日当天，荣获史上最畅销的版权书，于是每年的11月9日被定为吉尼斯世界纪录日。

《吉尼斯世界纪录大全》里收录了各种超出你想象力的"世界之最"，比如：世界上最老的树懒、收藏纸币最多的人、世界上最大的滑板，等等。虽然有些记录荒诞无稽，不过工作人员在审核时必须秉持着公正的态度，确保把人类所能达到的极限真实记录下来。

zhāi

摘

一 十 才 扌 扩 扩 扩 扩 掊 掊 摘 摘 摘 摘

书写口诀

左窄右宽　古字靠上

《秒懂汉字》

　　小篆的"摘"（），左部是"手"（𭔟），表示是与手有关系的动作，右部是"啻"（），本义是止、仅，有果实成熟就停止生长了，可以采摘了的意思。隶书、楷书把"啻"写作"商"。"摘"本义是采植物的花、果、叶，泛指取下戴着或挂着的东西，还有选取的意思。

《演变过程》

摘　摘　摘

小篆　　隶书　　楷书

《知识扩展》

夜宿山寺

[唐]李白

危楼高百尺，

手可摘星辰。

不敢高声语，

恐惊天上人。

　　唐朝大诗人李白十分喜欢爬山。有一天，他来到了一座不知名的高山脚下，山很高，山路又崎岖。等爬到山顶时，天已经黑了。李白仰头看看星空，满天的星辰就在头顶，好像一伸手就能摘到一样。浪漫的李白想高声呼喊星星，和他们说说话。可话到嘴边又停下了——"大概天上的仙人也睡着了吧，我还是轻声一点，不要吵醒他们啦。"

zhǐ
指

一 十 才 扩 扩 指 指 指 指

书写口诀

左窄右宽　横画等距

《秒懂汉字》

　　"指"是形声字。小篆的"指"（稍），左部是"手"（手），表示该字跟手，或手的动作有关系，右部是"旨"（旨），表示字的发音。"旨"有美味的意思，古时无筷子，就用手指抓食物尝美味。"指"本义是手指，引申为用手指或物体的一端对着，还有仰仗、批评、指点的意思。

稻 指 指

小篆　　　隶书　　　楷书

指鹿为马

秦始皇去世后，皇位传给了胡亥，史称秦二世。当时的丞相是赵高，他是两朝元老，气焰十分嚣张。赵高一直盘算着取代二世成为皇帝。可他又怕大臣们不服，于是决定先探探口风。有一天，他献了一头鹿给秦二世说："陛下，臣献给您一匹马。"秦二世笑了："丞相，你竟然连鹿和马都分不清了吗？这分明是头鹿呀！"赵高回答："这就是马，不信您问问别人。"

一旁的大臣面面相觑，机灵的人跟着说"这是马"，也有反应慢的说"这是鹿"，还有人保持沉默不敢发言。事后，赵高把回答是鹿的人一一处置，从此朝廷里的人都很怕赵高。

tāo

掏

一 扌 扌 扩 扚 扚 扚 掏 掏 掏 掏

书写口诀

左窄右宽　　左右等高

《秒懂汉字》

　　"掏"是后来创造的一个字，是形声字，由"扌"和"匋"组成，"扌"是形符，表示该字跟手或者手的动作有关系，"匋"是声符，表示字的读音。"掏"本义是挖取、摸取的意思，引申为伸进去取或往外拿。

《演变过程》

掏　掏

隶书　　　楷书

《知识扩展》

四川的"掏耳朵"文化

在四川成都街头有这样一群手工艺人：他们手持琳琅满目的细长金属工具，小心翼翼地拨弄着客人的耳朵，时而轻弹，时而掏挖，时而旋转。半晌，一套工序结束，客人说一句"巴适"，手工艺人也长吁一口气。

这项技艺被称为"采耳"。据传采耳最初是剃头匠在为人们理发时顺带完成的服务，因为能给人带来极其舒适的体验，所以很快就在达官贵人中流传开来。如今，"采耳"已被列入非物质文化遗产，每一个普通市民都能体验这样的传统技艺。话虽如此，耳垢其实有保护耳道的作用，所以专业的医生并不建议人们掏耳朵哦。

hé	一 二 千 禾 禾					
禾						
平撇短小 撇捺舒展						

dōng	一 七 车 东 东					
东						
首横勿长 两点平衡						

xī	一 一 一 两 西 西					
西						
首横短 字形扁						

běn	一 十 才 木 本					
本						
首横短 撇捺长						

mù	一 十 才 木					
木 中竖挺直 撇捺舒展						

lín	一 十 才 木 村 杜 材 林					
林 左小右大 左低右高						

zài	一 ナ 才 在 在 在					
在 字形呈三角 撇画要舒展						

jǐ	ㄱ コ 己					
己 头小尾巴长						

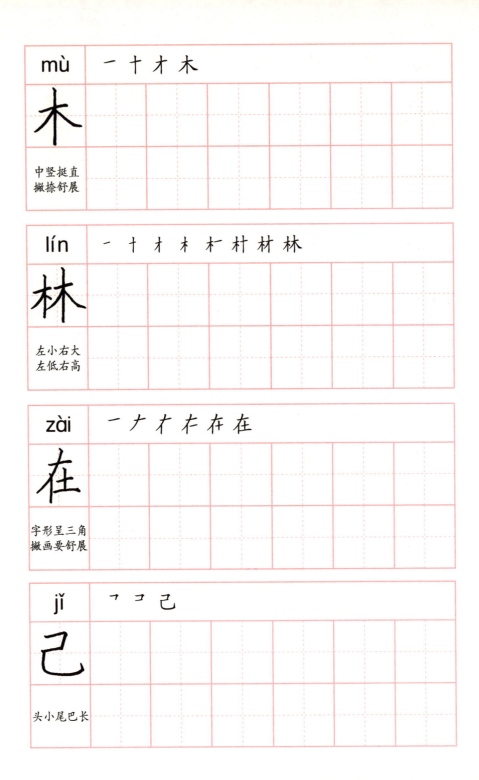

zhú	ノ ノ ト ケ ケ 竹 竹
竹	
左低右高 末笔竖钩	

jǐ	ノ 几
几	
竖撇稍弯 弯钩内收	

huā	一 一 十 サ サ 芢 花 花
花	
草头小 尾巴长	

hóng	∠ ∠ ∠ 纟 纟 红 红
红	
左高右低 工字扁	

qiū	ノ 二 千 禾 禾 禾 禾 秒 秋
秋	
左窄右宽 撇捺舒展	

lè	ノ 匚 乒 乐 乐
乐	
平撇小 竖钩直	

chuáng	、 一 广 广 庐 庐 床
床	
两横均短 两撇不一	

xiào	ノ ト ゲ ゲ 竹 竹 竻 笋 笑
笑	
"头"小 "腿"长	

lǐ	一 十 才 木 本 李 李

李

上下均扁
下横最长

duǒ	ﾉ 几 几 朵 朵 朵

朵

上小下大
撇捺舒展

guā	一 厂 几 瓜 瓜

瓜

字形瘦长
捺画略翘

tiáo	ﾉ 夕 冬 冬 条 条 条

条

两撇有长短
上宽下面窄

zhuàng

壮　丶　冫　丬　丬　壯　壮

左长右短
竖挺直

cóng

丛　丿　人　从　从　丛

一根扁担
挑两人

nián

年　丿　仁　仁　仁　年

横画均匀
竖如悬针

chēng

称　丿　二　千　禾　禾　秒　秒　称　称

左右等高
左窄右宽

chèng	丿 二 千 禾 禾 秒 秒 秤 秤 秤
秤	
左窄右宽 末竖最长	

yě	丶 冂 曰 日 甲 甲 里 野 野 野 野
野	
里字左上 竖钩稍长	

dì	丿 ← ← ← ← ← ← ← 竺 第 第
第	
头小身胖 横长竖短	

zhǐ	丶 ← ← ← ← ← ← 纸
纸	
左窄右宽 斜钩要长	

sī	㇄ ㇄ 纟 纱 丝
丝	
两个绞丝 坐一横	

táo	一 十 オ 木 机 朾 杉 机 桃 桃
桃	
左窄右宽 左高右低	

ài	一 十 艹 艼 艾
艾	
草头不长 撇捺舒展	

sēn	一 十 オ 木 杧 杰 朿 森 森 森 森
森	
三竖变短 才和谐	

dì	、 ゛ ゛ 冫 弟 弟 弟
弟	
头小身胖 竖挺拔	

mài	一 二 丰 主 声 麦 麦
麦	
三横均匀 两撇齐平	

chuí	一 二 千 千 丢 乗 垂 垂
垂	
横画均匀 有变化	

bāng	一 二 三 丰 邦 邦 邦 帮 帮
帮	
上宽下窄 竖居中	

niú	ノ 一 二 牛
牛	
两横紧凑 竖挺直	

niǎo	ノ ヶ 勺 鸟 鸟
鸟	
头小身胖 横左伸	

mǎ	フ 马 马
马	
头小身胖 才健壮	

fēng	ノ 几 凡 风
风	
左右内收 有腰势	

wéi	丶 ㇆ 为 为

为

"撇""折"
平行
两点空灵

yě	㇆ 力 也

也

左紧右松
弯拉长

yì	丶 ㇆ 义

义

三笔起点
步步高

jiā	丶 丷 宀 宀 宇 宁 宇 家 家 家

家

宝盖小
弯钩稳

yú	㇒ ㇀ ㇇ ㇗ 勹 甸 鱼 鱼

鱼

横画均匀
末横拉长

měi	㇔ ㇔ ㇜ ㇜ ㇕ 兰 羊 美

美

间距均匀
中横最长

fēi	㇑ ㇑ ㇒ ㇒ ㇒ 非 非 非

非

六横虽短
有变化

xiàng	㇒ ㇇ ㇇ 勹 色 象 象 象 象 象

象

中间口要扁
三撇间距匀

qún	ㄱ ㄱ ㄢ 尹 君 君 君 君' 群 群 群 群
群	
横要均匀 末竖悬针	

péng	丿 刀 月 月 刖 朋 朋 朋
朋	
双胞兄弟俩 右边更强壮	

jiǎng	﹀ ﹀ ㄔ ㄑ ㄑ ﾂ 兴 娄 奖
奖	
"大"字变 扁托上方	

nán	ﾇ ㄨ ㄨ′ 对 ㄡ′ ㄡ″ ㄡ′ 难 难 难
难	
"隹"要 瘦长 四横匀	

lóng	一 ナ 九 龙 龙
龙
横短弯长 才美观

zhū	ノ ヲ ヲ ヺ ヺ ヺ 犭 犷 狆 狆 猪 猪 猪
猪
左窄右宽 左右等高

dé	ノ ケ イ 彳 彳 彳 彳 得 得 得 得
得
左窄右宽 横画均匀

kū	丶 冖 口 吅 吅 吅 哭 哭 哭
哭
两口一样 中横要短

shū	丨 卜 上 才 为 求 叔 叔

叔

左长右短
左高右低

mǎi	フ ㄱ ㄱ 买 买 买

买

两点上下
不对齐
两横长短
不一样

qiú	一 十 十 才 才 求 求

求

四个笔画像
光芒

bì	一 厂 巾 币

币

平撇短小
竖画居中

cái	丨 冂 贝 贝 财 财
财	
左短右长 竖钩挺拔	

dàn	一 丆 乛 严 乭 乭 蛋 蛋 蛋 蛋 蛋
蛋	
撇短捺长 两竖对齐	

láo	丶 丷 宀 宀 宀 空 牢
牢	
点对竖 横拉长	

tū	丶 丷 宀 宀 穴 空 空 突 突
突	
撇捺舒展 中横短	

wū	ノ ク 乌 乌

乌

竖折折钩
是关键
两竖角度
不一样

tù	ノ ク ク 乌 色 多 兔 兔

兔

撇穿扁口
弯钩长

wā	丶 口 口 中 虫 虫 虫 虫 蛙 蛙 蛙 蛙

蛙

虫字瘦小
偏左上

sài	丶 宀 宀 宁 宇 审 宝 宝 寒 寒 寒 赛 赛

赛

横画紧凑
撇捺舒展

lèi	丶 丷 䒑 半 米 米 米 类 类
类	
上小下大 横拉长	

dǎo	㇒ 勹 勺 鸟 鸟 岛 岛
岛	
胖身子抱着 一座小山丘	

shàng	丨 卜 上
上	
短横上翘 长横拉长	

rì	丨 冂 月 日
日	
三横均匀 两竖垂直	

tián	丨 冂 冃 用 田
田	
边竖内收 十字均分	

huǒ	丶 丶 丷 少 火
火	
左低右高 撇捺舒展	

shān	丨 屵 山
山	
竖画参差 间距均匀	

yún	一 二 云 云
云	
三画均匀 撇折等长	

yuè	丿 几 月 月

月

竖撇略弯
三横均匀

tiān	一 二 于 天

天

两横皆短
撇捺舒展

sì	丨 冂 冂 四 四

四

边竖收
字形扁

shì	丨 冂 日 日 旦 早 早 昌 是

是

上窄下宽
捺拉长

shuǐ	丿 刀 水 水						
水							
左收右放 竖钩挺拔							

xiǎo	丿 小 小						
小							
两点对称 竖钩挺直							

tǔ	一 十 土						
土							
两横有长短 中竖要垂直							

xià	一 丁 下						
下							
横长竖直 点偏上							

yǔ	一 丆 丆 币 币 雨 雨 雨					
雨						
边竖略收 四点均匀						

míng	丨 刀 月 日 日 明 明 明					
明						
左低右高 "日""月" 皆瘦						

shí	一 丆 丆 石 石					
石						
横短撇落地						

duō	ノ ク 夕 夕 多 多					
多						
上小下大 首撇起点 要对齐						

huí	丨 冂 冂 冋 回 回

回

边竖内收
小口居中

qíng	丨 刂 刂 日 日一 日三 旷 眭 晴 晴 晴

晴

左短右长
横画匀

chūn	一 二 三 丰 夫 表 春 春 春

春

三横均匀
撇捺舒展

chī	丨 冂 口 叶 吃 吃

吃

口偏左上
弯钩长

xī	ノ ク 夕
夕	
两撇平行 横勿长	

xǐ	、 ニ 氵 氵 浐 汫 泮 洸 洗
洗	
左窄右宽 弯钩长	

diǎn	丨 卜 卢 占 占 点 点 点 点
点	
"口"扁 四点匀	

rán	ノ ク 夕 夕 夕 妙 妖 然 然 然 然 然
然	
四点均匀 有变化	

chuān	丿 丿 川
川	
三笔间距匀 起点有高低	

míng	丿 ク タ タ 名 名
名	
撇要落地 口要扁	

lǎng	丶 ㇕ ㇕ ㇕ 良 良 朗 朗 朗 朗
朗	
左高右低 撇穿插	

yè	丶 亠 广 疒 疒 亦 亦 夜
夜	
首横短 捺画长	

wēi	ノ ゲ 夂 户 卢 危
危	
头小尾长 呈三角	

jiǔ	ノ 勹 久
久	
两撇平行 有长短 撇捺交点 要偏上	

yuán	一 厂 厂 厂 厉 厉 盾 原 原 原
原	
横短撇长 "白"莫胖	

sǎ	丶 丶 汜 氵 汅 汧 洒 洒 洒
洒	
左窄右宽 左长右短	

pǐ	一　厂　兀　匹

匹

"儿"字
靠上
末横稍长

zhōu	㇒　丿　丿　州　州　州

州

竖向笔画匀
三点要齐平

zhōu	丿　几　凡　用　用　用　周　周

周

竖撇直
外框正

yǒng	丶　㇟　㇇　永　永

永

左收右放
点对竖

mèng	一 十 才 木 杧 杧 杧 林 林 梦 梦
梦 上宽下窄 横撇长	

quán	′ ′ ′ 白 白 白 身 泉 泉
泉 上窄下宽 捺舒展	

shì	一 十 卅 世 世
世 横竖均匀 有变化	

sǎn	丿 人 仐 仐 伞 伞
伞 人头舒展 盖下方	

dāo	刀 刀						
刀							
折稍倾斜 带弧度							

wǒ	丶 二 于 手 扰 我 我						
我							
左收右放 斜钩长							

wèn	丶 丨 门 门 问 问						
问							
边框垂直 口偏上							

yī	丶 亠 ナ ガ 衣 衣						
衣							
横短竖直 捺不落地							

zhēn	一 十 𠂇 冇 冇 有 直 直 真 真
真	
横画密而匀	

wǎng	丨 冂 冈 冈 网 网
网	
方框正 两叉齐	

chéng	一 厂 厅 成 成 成
成	
左收右放 斜钩长	

yī	一 丆 丆 𠂤 医 医 医
医	
“矢”不 外露 下横稍长	

gèng	一 ㄱ 厂 厅 百 更 更
更	
首横要短 竖撇中央穿	

chuāng	、 丷 宀 宀 宓 宓 窄 窄 窄 窗 窗 窗
窗	
头宽框正 夕字出头	

biǎn	、 ㄧ 宀 户 户 户 肩 扁 扁
扁	
头小撇长 身子胖	

zhàn	丨 卜 上 占 占 占 战 战 战
战	
左低右高斜 钩长	

qiē	一 七 切 切
切	
左高右低 撇穿插	

jù	一 丆 三 巨
巨	
横画等距 下横稍长	

shí	丿 人 人 今 今 仓 食 食 食
食	
燕不双飞 "人"舒展	

kuān	丶 丷 宀 宀 宀 宀 宀 宽 宽 宽
宽	
上紧下松 弯钩展	

dài	一 十 卅 卅 严 严 带 带 带

带

上下对齐
左右对称

shì	、 一 亠 市 市

市

点对竖
悬针直

yǐn	¬ ⇁ 弓 引

引

"弓"瘦长
竖莫远

zú	、 ⇀ 亠 方 方 方 扩 扩 族 族

族

左窄右宽
右边紧凑

zhōu	′ ㇆ 几 月 舟 舟
舟	
字形瘦 横居中	

wáng	ヽ 一 亡
亡	
点竖不相对 两横末尾 不对齐	

qù	一 十 土 去 去
去	
中横拉长 下方小	

ān	ヽ ′ 宀 灾 安 安
安	
盖头小 横拉长	

bù	一 ナ 才 右 布					
布						
横撇前端连 "巾"字中 竖直						

gōng	ㄱ ㄱ 弓					
弓						
上紧下松 横画勾						

hài	丶 宀 宀 宀 宇 宇 宖 宝 害 害					
害						
点对竖 横均匀						

shì	一 二 于 王 式 式					
式						
"工"字 左伸 斜钩长						

kǒu	㇀ 口 口
口	
字形方 边竖收	

ěr	一 ㇀ ㇀ 耳 耳 耳 耳
耳	
四横均匀 两竖垂直	

shǒu	㇀ 二 三 手
手	
平撇短 弯钩稳	

dà	一 ナ 大
大	
中横起笔 撇捺舒展	

tóu	、 ` ニ 头 头
头	
两点斜对齐 撇点站得稳	

kě	一 丆 厅 叮 可
可	
倒三角 竖挺拔	

nǚ	く 女 女
女	
起笔对准 交叉点 中间一横 要拉长	

chǐ	𠃌 コ 尸 尺
尺	
头部小 撇捺展	

xīn	㇏ 心 心 心

心

三点呈弧状
卧钩不宜长

lì	、 ㇕ ㇡ 立 立

立

一点高悬
在中央
两横间距
不宜大

zhōng	㇑ ㄇ 口 中

中

扁口内收
中竖直

hòu	㇒ 厂 厂 斤 后 后

后

竖撇稍弯
口略扁

hǎo	ㄑ 女 女 女7 奵 好
好	
“女”瘦 “子”稳 才叫“好”	

bǐ	一 𠂤 比 比
比	
左小右大 弯钩略展	

cóng	丿 人 从 从
从	
左低右高 左小右大	

chū	ㄴ 凵 中 出 出
出	
上下等宽 竖居中	

zuǒ	一 ナ ナ 左 左					
左 横短撇长 要落地						

yòu	一 ナ 才 右 右					
右 横长撇短 口靠撇						

běi	丨 亅 扌 北 北					
北 左低右高 弯舒展						

zú	丶 口 口 尸 尸 尸 足					
足 撇短捺长 中竖短						

zhī	` ㇈ 之
之	
夹角小 捺舒展	

cǎi	㇒ ㇏ ㇏ ⺤ 平 采 采
采	
上小下大 撇捺舒展	

zǒu	一 十 土 キ ㇏ 走 走
走	
土要小 捺要长	

zhí	一 十 广 亩 亩 肖 直 直
直	
多横等距 边竖直	

wén	`　一　ナ　文
文	
竖撇起笔 对准点	

zuò	ノ　㇆　㇆㇆　从　丛　坐　坐
坐	
两个小人 坐土上	

shé	ノ　二　千　千　舌　舌
舌	
横长竖稍斜 撇短口字扁	

wǎng	ノ　㇇　彳　彳　彳　往　往　往
往	
左长右稍短 两撇起笔齐	

háng	′ 行
行	
左高右低 竖钩挺拔	

xìng	く 女 女 女 妙 姓 姓
姓	
女字瘦 三横匀	

yǐ	レ ㇌ 以 以
以	
起点步步高 撇画要穿插	

tǐ	′ 亻 亻 什 什 休 体
体	
左窄右宽 撇捺舒展	

zhǎo	一 十 扌 扌 找 找 找
找	
左右等高 斜钩长	

dōu	一 十 土 耂 耂 者 者 者 都 都
都	
左高右低 末竖要长	

máo	一 二 三 毛
毛	
两横左伸 尾巴长	

kǒng	⁊ 了 子 孔
孔	
左窄右宽 弯钩长	

yǒu	一 ナ 方 友					
友						
首横短 两撇不一样						

guī	丶 丿 刂 归 归					
归						
竖撇长 三横匀						

xīn	丶 亠 六 立 立 产 辛					
辛						
中横最长 呈菱形						

jīn	丿 入 亽 今					
今						
撇低捺高 要舒展						

jìn	フ コ ア 尺 尺 尽

尽

撇捺舒展
两点对齐

bù	ㅣ ㅏ ㅑ 止 屮 屮 步

步

"止"扁撇长

zhǎo	´ 厂 厂 爪

爪

平撇短
竖撇长

yǎn	ㅣ ㅒ 月 月 目 日 日 日 眇 眼 眼

眼

左窄右宽
撇画略翘

xìn	ノ 亻 亻 彳 亻 信 信 信 信
信	
左窄右宽 横画均匀	

shì	一 一 一 一 写 写 写 事
事	
横画均匀 上横最长	

gē	一 一 一 一 可 可 可 哥 哥 哥 哥 歌 歌 歌
歌	
左长右短 捺画舒展	

chàng	丨 丷 口 口 叩 叩 吧 吧 唱 唱 唱
唱	
口字偏左上 两日不一样	

zhuā	一 亅 扌 扩 扩 扩 抓
抓	
左窄右宽 左高右低	

dài	一 十 土 キ 吉 吉 盂 畜 壴 吏 壴 聿 戜 戴 戴
戴	
横画紧凑 斜钩拉长	

lù	丶 丷 吁 吁 呌 呌 吡 趴 趴 趵 跸 路 路
路	
左窄右宽 左短右长	

hái	フ 了 子 孑 扩 孖 孩 孩 孩
孩	
左窄右宽 三撇平行	

xiū	ノ 亻 亻 什 仕 休
休	
撇捺舒展 不落地	

xī	ノ 亻 白 白 白 自 自 息 息 息
息	
上窄下宽 三点渐高	

mào	丨 冂 冂 曰 冐 冒 冒 冒 冒
冒	
横画均匀 上部稍宽	

gān	一 十 廿 廿 甘
甘	
横画均匀 两竖略收	

tián	＇ 二 千 千 舌 舌 舌 甜 甜 甜 甜
甜	
左高右低 左右皆瘦	

mǔ	し 囚 囚 母 母
母	
竖折有弧度 中横要拉长	

yóu	＇ ＇ シ ジ 扩 汸 汸 游 游 游 游
游	
左短右长 笔画紧凑	

sǐ	一 丆 歹 歹 死
死	
横短弯长	

xìng	一 十 土 土 击 击 击 幸
幸	
两竖对齐 中横最长	

hán	ノ 人 人 今 今 含 含
含	
撇捺舒展 盖下方	

wú	丶 口 口 吕 旦 吴 吴
吴	
"口"小 "天"扁	

yù	丶 口 日 日 日 吕 禺 禺 禺 遇 遇 遇
遇	
边竖内收 捺要长	

wàng	` ` ` ⺤ ⺦ ⺦ 臼 铝 铝 铝 望 望 望
望 末横长 托上方	

jiào	一 一 十 土 耂 耂 孝 孝 孝 孝 教 教
教 左右等高 笔画紧凑	

zuì	` ` 冂 冂 日 旦 旦 昻 昻 昻 昻 最 最
最 上小下大 横画均匀	

zhāi	一 一 十 才 扌 扩 扩 扩 护 护 捔 摘 摘 摘 摘
摘 左窄右宽 古字靠上	

zhǐ	一 一 十 扌 扩 护 护 指 指 指
指	
左窄右宽 横画等距	

tāo	一 一 十 扌 扩 扚 扚 扚 掏 掏 掏
掏	
左窄右宽 左右等高